生活法律漫談
Law about Life

死會可以活標？

王惠光 著

三民書局

國家圖書館出版品預行編目資料

死會可以活標? / 王惠光著.——初版一刷.——臺北
市;三民,民91
面; 公分——(生活法律漫談叢書)

ISBN 957-14-3588-0 (平裝)

1.民間互助會 2.債法

559.57 91004657

網路書店位址 http://www.sanmin.com.tw

著作人 王惠光
發行人 劉振強
著作財產權人 三民書局股份有限公司
臺北市復興北路三八六號
發行所 三民書局股份有限公司
地址/臺北市復興北路三八六號
電話/二五〇〇六六〇〇
郵撥/〇〇〇九九九八——五號
印刷所 三民書局股份有限公司
門市部 復北店/臺北市復興北路三八六號
重南店/臺北市重慶南路一段六十一號
初版一刷 中華民國九十一年四月
編 號 S 58500
基本定價 肆元陸角
行政院新聞局登記證局版臺業字第〇二〇〇號

ISBN 957-14-3588-0 (平裝)

會的案例就一下子增加很多。而因為倒會的案例太多，好像倒會已經不再是新聞，如果不是金額龐大或者被害者眾多的倒會，報紙都還懶得報導。長此以往，倒會案件增多，更讓人覺得社會中舉目所見，充耳所聞，盡是倒會之聲，也增加了大家對合會的疑慮。

事實上，合會絕對不是一無是處，也不是合會就一定會倒會，合會能夠在民間存在那麼久而不被淘汰，代表它絕對有一定的功能。事實上，合會這種在東方社會中特有的民間互助經濟制度，在一定的範圍內確實可以發揮救急、互助、儲蓄的功能。

因為一般人在急需用錢而需要向人借貸時，通常不外是向親友借，向金融機構借，甚至走投無路時也可能向所謂地下錢莊借。但是向親友借時，不見得就可以找得到有足夠資力的親友，即使有，交情不見得夠，所以向親友借，不一定借得到；而現在的金融機構雖然發達，但是如果沒有提供擔保品或有相當的信用，根本不可能向金融機構借到錢，而一般會需要借錢的人，通常在借錢當時的財務狀況一定不好，不大可能有擔保品可以提供，而需要借錢的人，信用狀況通常不佳，所以大家才會戲稱金融機構只會借錢給不缺錢的人；而地下錢莊實在不是一個正當的借錢管道，不只利息高，也容易產生法律糾葛，一般民眾實不該輕易嘗試。

而在告貸無門的情形下，合會就不失為是解決困厄的良好制度。我們可以從會首和會員兩個角度來說明：

1. 就會首而言：通常是因為會首需要一筆錢，但告貸無門，或者無力負擔利息，所以才起一

緒言

生活在臺灣的人，都一定曾經聽過「合會」或「互助會」這樣的名詞，不管是在公司行號裡、在學校機關裡，甚至於鄰里、市場旁邊，都普遍存在著「合會」這樣的民間經濟合作組織，可以說只要是生活在臺灣這個社會裡，即使本身沒有參加過合會，至少也聽說過身邊的家人或朋友參加合會。

既然合會是一個普遍存在的經濟組織，在民間又有那麼多人參加，合會絕對是一個影響民眾經濟生活至為重要的制度。

不過，令人感慨的是，我們所經常聽到的大多不是合會的正面消息，報紙上所充斥的倒反而是合會詐欺、倒會聲四起的消息，尤其最近幾年來，在經濟不甚景氣的時候，倒風更甚。而以前社會經濟還沒有像現在這麼繁榮，合會大多規模不大，而且也只是存在於鄰里之間，再加上民風較為純樸，倒會只是偶有所聞，如有倒會，更經常都傳遍鄉里，倒會者很難在親友鄰里之間立足。但現在社會在工業化之後，人際關係不像以前那麼單純，而且人心也較為險惡，尤其經濟發展之後，鄰里友好間小金額的純互助型的合會反而比較少，大金額的合會逐漸增多，參與合會的會首與會員之間的人情連繫也較為淡薄，一旦遇到經濟狀況變化，倒

個會擔任會首。因為依照合會的運作方式，所有參與合會的會員必須先繳交第一期的會款給會首（俗稱會首錢），會首可以先使用這一筆錢，然後再依各個會期，分次無息返還會款給得標者。因為會首可以無息使用所有會員所繳交的第一期會款，等於是參加合會的會員先無息借錢給會首，幫會首度過經濟上的難關。而每一個會員各自所繳交給會首無息使用的只是區區的一期會款，因此每一個會員借給會首無息使用的金額數目不大，但積少成多，累積數十個會員的錢，也就成了相當大的數目了，這就是合會典型的互助功能。當然，也有些擔任會首的人，本身不見得是急需用錢，其起會的目的則是在理財及儲蓄，因為會首可以無息使用會首錢，如果會首將這一筆錢好好運用，或者投資，或者存在銀行賺利息，或者做其他可以獲致利益的使用，都可以使會首獲得不小的財富。所以合會不只可以有互助解困的功能，更可以是理財的方式。

2. 就會員而言：會員參加合會，一方面是幫助會首，更重大的功能在於自身的儲蓄以及預備救急的功能。參加合會的會員，如果本身並不急著用錢，則不用參加競標，而在每一個會期固定繳納活會會款給得標的會員，如此一方面可以以自身閒置的資金幫助急需用錢的其他會員（得標的會員），一方面也等於是習慣性的定期強迫儲蓄，將自己閒置的資金用來賺取利息，也等於是將閒置的錢儲蓄下來。而且，如果自己發生急需用錢的事故時，就可以參加競標，將合會金標下來使用。所以就會員而言，不需用錢的時候是儲蓄兼賺利息，需

要用錢時則合會可發揮救急的功能。

不過，雖然合會是一個我們耳熟能詳的名詞，但一定會令很多人感到非常驚訝的是，在民國八十九年五月五日民法債編修正條文施行之前，「合會」是我國民法中沒有法律條文加以規範的制度。這是因為我國的民法是在民國十八年制定的，當時制定民法的時候是承襲歐陸的大陸法系制度所制定的條文，但是因為合會制度是東方國家特有的制度，歐陸西方國家並沒有相類似的制度，歐陸西方國家的民法條文也沒有合會的制度，我們承襲歐陸民法條文時也沒有法律條文可以依循。因此之故，在民國十八年制定民法的時候，並沒有對合會加以規定。至於在法律實務的運作上，法院都是參考民間合會的習慣以作為判決的依據。

但是這種沒有法律條文，而只是依據民間法律習慣判決的運作方式，其實有很大的問題。因為我國是成文法國家，而成文法國家中法官適用法律的邏輯推論方式，是將要判決的事實找到合適的法律條文來適用，即使沒有合適的法律條文而必須引用習慣或法理，也必須是那個習慣或法理在現行法律中有可以比附延引的依據。因為以前「合會」並不是民法上所規定的契約類型，所以法官在適用法律的過程當中，就要牽就民法所規定的各種契約類型，常常有削足適履、引喻失義的地方，例如合會在法律上到底是什麼性質，歷來學說及判例就有很大的爭論，關於合會法律性質的論述，學者大多參考日本學說，有學者認為合會是消費貸款，也有學者認為屬於合夥，也有學者認為是一種綜合性的無名契約，也有學者認為採事實認定，

也有採折衷說的見解，不一而足。這樣的紛爭情況，也導致法院的判決中，對合會制度的見解常常有不一致的情形。

這種沒有法律規範的情形，對於參與合會的一般民眾實在無法提供適當有效的保護。有鑑於此，立法院在民國八十八年四月二十一日修正通過的民法債編修正條文當中，增列第十九節之一「合會」的章節，針對合會的定義以及合會的運作有詳細的規定。民法關於合會的條文總共九條，依照民法債編施行法的規定，這些條文已經從民國八十九年五月五日開始施行。以後參與合會的人將可以依據民法合會章節中相關的條文規定參與合會的運作，對於會首及會員的保障將更形完整。

本書先是關於合會制度的介紹，並且就實務上經常碰到的合會問題以問答的方式加以說明，並對於和合會有關的民事及刑事紛爭中所可能用到的訴訟狀紙提供基本的格式。如前所述，合會制度本身一定有它存在的價值，假如說合會制度完全是負面的，那合會制度也不會在民間那麼盛行。只不過在倒會聲四起的情況下，難免引起人們對合會制度的恐慌。而且常常聽到被倒會之後，付諸法律途徑最後也會無疾而終。但是合會制度難道真的那麼可怕嗎？倒會後法律上真的追償無門嗎？本書除了合會制度的介紹及說明外，並且用了相當大的篇幅來介紹相關的法律保護程序，並且提供一些法律以外的思考方向，其目的就是希望提供給讀者一些參加合會應該有的思考、爭取法律保護權利的必要手段，以及相關書狀的基本格式、

合會糾紛追訴的法律途徑。希望能夠使讀者在一旦合會有倒會的狀況出現的時候，能夠有所遵循而不致茫然失措，並能夠在最大的範圍內保障自己的權利。

基本上，本書是希望能夠對懂或不懂法律的人都能提供幫忙，對於那些相當懂法律的人，本書的內容也許不能提供太多新的知識，但可以作為採取相關法律程序時的步驟參考。至於那些對法律涉獵不深的人，本書會對於參與合會的會首及會員，就有關如何保護自己的權利做一個完整的敘述，希望能夠使沒有受過法律訓練的人能夠輕易地上手，瞭解合會的運作狀況以及參與合會時自己的權利義務所在。

死會可以活標？　目次

第二章　合會的會單

第三章　合會的運作

第四章　會款的繳納

第一章 合會的概念

問題一

所謂「合會」和所謂「互助會」有什麼差別？

實例

老陳參加了兩個會，其中一個合會的會單上寫的是「互助會」，另外一個會單上寫的是「合會」，老陳有點困惑，到底什麼名稱才是正確的？

解答

「合會」和「互助會」其實是相同的東西。以前合會制度還沒有法律條文加以規範之前，民間成立合會的時候常常以「互助會」相稱，但是在法律實務的運作上，法院則「互助會」或「合會」都有使用，但「合會」比較常使用。所以民間一般所謂的「互助會」用語和法院經常使用的「合會」用語，其實是相同的東西。

民法在八十八年四月二十一日立法院通過債編修正條文的時候，則將之正式定名為「合會」，因此「合會」就正式的成為法定的法律名詞。因為「合會」已經是正式法律名詞，所以以後在訂立合會契約時，會單上最好標明為「合會」會單，而不要再使用互助會這樣的用語，以免衍生不必要的誤會。不過假如不使用合會的名稱而使用互助會單，或者以臺語所稱的「會仔」相稱，在法律上仍然有相同的效力，不會因為不使用「合會」的名稱就影響法律上的效力或被認定為無效。

問題二

民法債編修正條文施行前所邀集的合會，在民法債編修正條文施行後，其效力有沒有影響？

實例

老張在民國八十八年二月間邀集了一個合會，會期三年，一直到民國九十一年二月間結束。因為民法債編修正條文在民國八十九年五月五日施行，新法中關於合會條文的規定，對於老張所邀集的合會，會不會產生影響？會不會因為沒有依照民法債編修正條文所規定的方式運作而使合會無效？

解答

契約有繼續性的契約和非繼續性的契約，例如買賣契約就是非繼續性的契約，因為買賣

雙方一手交錢、一手交貨，銀貨兩訖之後，買賣契約中雙方應該履行的權利義務關係就結束了（當然還有賣方的瑕疵擔保責任，但如果沒有瑕疵的話，買賣雙方就不再有關係了）。而像租賃，就是繼續性的契約，因為訂定租賃契約後，出租人與承租人之間互相的權利義務關係會持續到租賃契約結束，承租人必須按期給付租金，出租人必須持續維持租賃物在良好的使用狀態。

合會契約是一種繼續性的契約，在參與合會的會員以及會首簽訂合會契約後，這一個合會的權利義務關係會延續相當一段時間，例如有三十個會員的合會，每一個月一個會期，則這個合會的運作會長達三十個月，也就是二年半的時間。一直要到整個合會的會期結束，會首與會員之間以及會員相互之間的權利義務關係才結束。而民法債編修正條文是在民國八十九年五月五日開始施行，因此將會有很多的合會，會首起會的時間是在民國八十九年五月五日之前，但是整個合會的會期卻延續到民國八十九年五月五日之後。關於這種在民法債編修正條文施行以前成立的合會，其會首與會員之間以及會員相互之間的權利義務到底要不要適用民法債編修正條文的規定，一定會有人產生疑問。

民法債編施行法第一條的規定「民法債編施行前發生之債，除本施行法有特別規定外，不適用民法債編之規定。」依照這條規定，會首邀集合會並簽訂合會契約的時間如果是在民國八十九年五月五日民法債編修正條文施行之前，即使合會的期間延續到民國八十九年五月

五日之後，這一個合會並不適用民法債編修正條文的規定。所以老張所起的合會，還是可以依照該合會原先的約定內容繼續運作這個合會，不須要受到民法債編修正條文的約束。

不過話說回頭，因為民法債編修正條文中有關合會章節的規定，實際上也是參酌一般民間邀集合會的既成習慣予以條文化並納入民法體系之中。所以很多民間合會，雖然是在民法債編修正條文施行之前所邀集的，但是如果仔細觀察其約定，其實和民法債編修正條文中的規定沒有什麼差別。如果會首所召集的合會都有按照一般民間合會的習慣，則雖然從法律的嚴格意義上來看，不會受到民法債編修正條文的約束，但是在實際的運作上，其實不會有太大的差別。

而且，在民法債編修正條文施行前成立的合會，雖然當時法律上沒有合會條文的規定，但是該合會仍然是合法的，所以假如老張所起的合會產生了糾紛，老張以及參與該合會的會員們仍然可以尋求法律途徑，保護他們的權益。所以只要當初成立合會的時候正正當當，而且有按照一般民間的習慣運作，即使不能直接依照民法條文規定請求，但所受到的保障，並不會相差太多。所以即使是沒有受到民法債編修正條文約束的合會，該合會還是有法律上的效力，並不是無效的合會，參與該合會會員的權利還是有保障的。

問題三

民法債編修正條文中有關合會的規定，和以往法院實務上對於合會的判決所採的見解，以及和一般民間合會的習慣，有什麼不同之處？

解　答

民法債編修正條文中對於合會契約的規定，會使得合會的運作和以往有所不同的在於⑴對於合會契約的定義，並確認僅有會首及會員各一人也可以成立合會，會款得為金錢或其他代替物（民法第七百零九條之一）。⑵合會的會首及會員，以自然人為限。會首本身不得在他所召集的合會中兼為會員。無行為能力人及限制行為能力人不得擔任會首，也不可以參加他的法定代理人擔任會首之合會（民法第七百零九條之二）。⑶合會必須訂立書面的會單，並由會首及全體會員簽名。會單的內容民法也加以統一規定（民法第七百零九條之三）。⑷確認標會的程序原則上由會首主持，並規定會首因故不能主持標會時的處理方式（民法第七百零九條之四）。⑸確認會首錢的運作方式，規定首期合會金不經投標由會首取得，其餘各期的合會金則由得標會員取得（民法第七百零九條之五）。⑹規定標會的方式以及沒有人參與競標時如何決定得會者（民法第七百零九條之六）。⑺規定合會會款的給付期限（標會後三日內）以及

會員未按時給付會款時會首有代為給付的責任（民法第七百零九條之七）。⑻規定會首及會員轉讓其權利義務的限制（民法第七百零九條之八）。⑼規定合會因會首破產、逃匿或有其他事由致合會不能繼續進行時，其善後處理的方式（民法第七百零九條之九）。

其中最重要的是合會法律性質的確認。在合會的性質上有所謂的單線關係的合會跟團體性的合會之分。所謂單線關係的合會是指合會關係只存在於會首與會員之間，至於會員與會員相互之間則不發生任何的合會關係，而所謂團體性的合會，則合會關係不只發生在會首與會員之間，而且會員相互之間也發生合會的關係。我國以往實例上的判決，對於合會制度都認為是單線關係的合會。例如最高法院四十九年臺上字第一六三五號判決認為「臺灣合會性質乃會員與會首間締結之契約，會員相互間除有特約外，不發生債權債務關係」。這樣的判決事實上引起很大的糾紛，因為單線的關係之下，會員相互之間沒有發生合會關係，假如會首跑掉了，活會會員也不能直接向死會會員收取會款，所以以往法院實務上對合會這樣的處理方式招致很大的爭議。

在民法債編修正條文通過之後，可以看到民法修正條文對於合會的性質係定位在團體性質的合會，而不再是單線的性質，所以會首只是代得標會員收取會款，未收取之會款，會首應代為給付，在合會不能繼續進行的時候，活會會員可以向死會會員直接請求會款。這一個修正對合會會員權益的保障又增加了一層，對以後的法律運作也一定會產生很大的影響。

問題四

合會是什麼法律性質？以前在判例及學說當中曾引起很大的爭議，以後應該如何適用？

解　答

在民法修正條文通過之前，因為民法債編的條文中對於合會契約並沒有規定，所以到底合會是什麼法律性質，無論是在判例中，或者是在學說當中，都引起很大的爭議。根據歷來關於合會法律性質的論述，學者們參考了日本學說，有學者認為合會是消費貸款，也有學者認為屬於合夥，也有學者認為是一種綜合性的無名契約，也有學者認為採事實認定，也有學者採折衷說的見解，不一而足。

但是該些學說的爭論，在民法修正條文實施之後，都已成過去，也不再具有爭議探討的意義。因為在民法修正條文通過之後，合會已經是民法中典型契約的一種，且合會又具有其他民法上所規定的典型契約所沒有的特性，因此合會本身是一個獨特的典型契約。在民法修正條文實行之後，關於合會所產生的糾紛，都應該適用民法「合會」章節中條文的規定，不需要再去類推適用其他契約的規定。也因此，在民法修正條文實行前實務上所存在的一些學說或者判例的爭議，在民法修正條文實行後，都已不再有適用的餘地。

而歷年來學說及判例上的見解爭議中，影響合會會員權利義務最大的，莫過於到底合會是所謂單線關係的合會或者是具有團體性（類似合夥）的合會。如果合會是單線的關係，則合會契約是會首與會員間締結之契約，會員相互間不發生債權債務關係。但如果認為合會是具有團體性質的合會，則合會契約存在於會首與會員間以及會員相互之間。

向來我國實務上認為合會的法律性質是單線的法律關係，所以給付會款的責任也是存在於會員與會首之間，例如最高法院於四十九年臺上字第一六三五號判例認為：「臺灣合會性質乃會員與會首間締結之契約，會員相互間除有特約外，不發生債權債務關係。」

不過在民法債編修正條文實行後，依照民法的規定，合會契約是團體性的契約。所以依照民法第七百零九條之八之規定「會首非經會員全體之同意，不得將其權利及義務移轉於他人。會員非經會首及會員全體之同意，不得退會，亦不得將自己之會份轉讓於他人。」也就是任何的會員，如果沒有經過會首及其他全體會員的同意，不能夠將自己的會份移轉給他人（以前認為只要會首同意就好）。而且依照民法第七百零九條之九第三項之規定「會首或已得標會員依第一項規定應平均交付於未得標會員之會款遲延給付，其遲付之數額已達兩期之總額時，該未得標會員得請求其給付全部會款。」確認會員相互之間有會款的請求權（以前認為只有會首可以向會員請求，會員相互之間並無會款的請求權）。

因此，以前的實務判例中認為合會是單線關係契約的見解，在民法修正條文實施後，都已不再適用。

問題五　傳統的合會方式有哪一些？民法上所規定的合會方式是哪一種？

解　答

依照文獻上的記載，在中國大陸，合會會員得會的方式有很多種，例如有所謂「輪會」的方式，也就是採用座次，依照座次順序輪流得會，或者依照抽籤的順序輪流得會。也有所謂「搖會」的方式，由會員擲骰子，以點數最多的人為得會之人。還有「標會」的方式，由會員以競標的方式競出得標金額，以投標金額最高者為得會之人。此外，還有所謂「長壽會」、「孝衣會」、「葬社」等不同性質的互助會，則是為了葬儀喪殮的目的所成立的互助會。

在臺灣的習俗方面，早期以「搖會」及「標會」為最多，但是在二次大戰之後，幾乎只剩下標會的方式，搖會的方式已經很少見。其原因大概是因為社會進步，工商業發達，一般人生活較為忙碌，即使參加合會也沒有辦法每次都參與合會的開會，不太可能每次合會都聚集所有的會員，而搖會的方式必須所有的會員都聚在一起以擲骰子的方式來決定得標者，如果會員不能夠每次都到齊，就沒有辦法決定得標之人。所以搖會的方式比較少使用。

標會的方式是以出標金額最高者為得會之人，想要取得該次合會金的人，就會出價參加競標，而假如並不需要用錢，不想參加競標的人，則根本不會出標，甚至根本不會到場。所以現在臺灣社會中合會的運作方式，幾乎就只有標會制，而比較少出現其他傳統的合會型態。民法修正條文中的規定，基本上也是以標會制度為典範而制定的條文。

標會制又可分為「內標式」與「外標式」。所謂內標式係指活會會員繳納會款給得標會員時，是依照合會所約定的基本金額扣除得標金額之餘額，作為該期應繳付之活會會款金額，而得標會員往後按期返還會款的時候，必須給付基本金額的全額。而所謂外標式則是指活會會員所應繳納給得標會員的會款，就是合會所約定的基本數額，不過得標會員往後按期返還會款的時候，必須附加得標金額返還。內標式的合會和外標式的合會，其差別在下一個問題中有詳細的說明。

問題六

所謂內標式的合會和外標式的合會有什麼差別？

實　例

老王參加老張的合會，在會單上有一行字寫著「本合會採外標式」，老王搞不清楚什麼叫做外標式合會，到底內標式的合會和外標式的合會有什麼差別？

解答

合會的得標是以出標金額最高的會員為得會會員，不過在會款的給付方式上有所謂的「內標式合會」和「外標式合會」的差別。一般民間合會運作的習慣，大部分合會的運作方式為內標式，但也有少部分的合會是採用外標式。

茲就內標式合會和外標式合會的基本運作模式說明如下：

假設某合會是由會首某甲召集，會員有A、B、C、D、E、F、G、H、I、J等十人，合會每一會份的基本金額是新臺幣三萬元，假設該合會於一月一日成立時給付會首錢，大家依照民法第七百零九條之五之規定，首期合會金不經投標，由會首取得，所以大家必須先給付首期合會金給會首。因為該合會的基本金額是新臺幣三萬元整，每個會員必須給付三萬元，十個人共新臺幣三十萬元整，所以會首某甲所取得的首期合會金（會首錢）是新臺幣三十萬元整。對於這一筆給付給會首的首期合會金，無論是採內標式或者是外標式，都是一樣。

但從第二期以後一直到第十一期的會期，是由會員以競標方式決定得會會員，則視該合會是採內標式或者是外標式，每一個會員在各個會期所應該取得的金額及應該付出的金額將

會有不同。

假如該合會是從第二期二月一日開始投標，以後每個月的一日均為投標日，假設該合會各個會期得標者及得標金額詳如附表一所列，則如果採內標式的合會，各個會期每一個會員所應該取得的金額及付出的金額將如附表二所示。如果採外標式的合會，各個會期每一個會員所應該取得的金額及付出的金額將如附表三所示。茲詳細說明如下：

附表一是各個會期得標者及得標金額，因為某甲是會首，依照民法第七百零九條之五之規定，首期合會金不經投標，由會首取得，所以某甲的得標金額是零元。A在第二期（二月一日）得標，得標金額是三千元。B在第三期（三月一日）得標，得標金額是三千元。C在第四期（四月一日）得標，得標金額是三千元。D在第五期（五月一日）得標，得標金額是二千七百元。E在第六期（六月一日）得標，得標金額是二千七百元。F在第七期（七月一日）得標，得標金額是二千五百元。G在第八期（八月一日）得標，得標金額是二千五百元。H在第九期（九月一日）得標，得標金額是二千五百元。I在第十期（十月一日）得標，得標金額是二千二百元。J是尾會，在第十一期（十一月一日）只剩下J他從未得標，因此該次會期，已經無人可以與之競標，而且這個時候只有從所有得標者取得會款，所以尾會之得標金額是零元。

附表一（合會金基本金額新臺幣三萬元整）

會期	得標者	得標金額
第一期（一月一日）	甲	零元
第二期（二月一日）	A	三千元
第三期（三月一日）	B	三千元
第四期（四月一日）	C	三千元
第五期（五月一日）	D	二千七百元
第六期（六月一日）	E	二千七百元
第七期（七月一日）	F	二千五百元
第八期（八月一日）	G	二千五百元
第九期（九月一日）	H	二千五百元
第十期（十月一日）	I	二千二百元
第十一期（十一月一日）	J	零元

附表二是內標式合會，基本金額三萬元，在附表一的得標狀況下，會首甲及各個會員在各個會期所可取得之金額及應給付之金額，玆說明如下：

某甲（一月一日）：在第一個會期可取得新臺幣三十萬元整。依照民法第七百零九條之五之規定，首期合會金不經投標，由會首取得，因為該合會的基本金額是新臺幣三萬元整，每個會員必須給付三萬元，十個人共新臺幣三十萬元整。某甲所取得的這三十萬元，將從第二期開始，在往後的十個會期，由會首某甲在每一次會期給付三萬元給得標之會員，給付到第十一期（十一月一日）止。

A（二月一日）：第二期由A以新臺幣三千元得標，基本會款三萬元，扣除三千元得標金額後為二萬七千元，除了A之外的B、C、D、E、F、G、H、I、J等共九位活會會員（尚未得標之會員俗稱活會會員），每個人必須要給付二萬七千元會款給A，共有二十四萬三千元，再加上會首某甲應給付的三萬元，A在二月一日的會期中共可取得二十七萬三千元。A則必須從第三期開始，在往後的九個會期，由A在每一次會期給付三萬元給得標之會員，給付到十一期（十一月一日）止。

B（三月一日）：第三期由B以新臺幣三千元得標，基本會款三萬元，扣除三千元得標金額後為二萬七千元，除了B之外的C、D、E、F、G、H、I、J等共八位活會會員，每個人必須要給付二萬七千元會款給B，共二十一萬六千元，加上會首某甲應給付的三萬元以及死會會員A（已得標之會員俗稱死會會員）應給付的三萬元，B在三月一日的會期中共可取得二十七萬六千元。B則必須從第四期開始，在往後的八個會期，由B在每一次會期給

付三萬元給得標之會員，給付到十一期（十一月一日）止。

Ｃ（四月一日）：第四期由Ｃ以新臺幣三千元得標，基本會款三萬元，扣除三千元得標金額後為二萬七千元。除了Ｃ之外的Ｄ、Ｅ、Ｆ、Ｇ、Ｈ、Ｉ、Ｊ等共七位活會會員，每個人必須要給付二萬七千元會款給Ｃ，共十八萬九千元，加上會首某甲應給付的三萬元以及死會會員Ａ、Ｂ各應給付的三萬元，Ｃ在四月一日的會期中共可取得二十七萬九千元。Ｃ則必須從第五期開始，在往後的七個會期，由Ｃ在每一次會期給付三萬元給得標之會員，給付到第十一期（十一月一日）止。

Ｄ（五月一日）：第五期由Ｄ以新臺幣二千七百元得標，基本會款三萬元，扣除二千七百元得標金額後為二萬七千三百元。除了Ｄ之外的Ｅ、Ｆ、Ｇ、Ｈ、Ｉ、Ｊ等共六位活會會員，每個人必須要給付二萬七千三百元會款給Ｄ，共十六萬三千八百元，加上會首某甲應給付的三萬元以及死會會員Ａ、Ｂ、Ｃ各應給付的三萬元，Ｄ在五月一日的會期中共可取得二十八萬三千八百元。Ｄ則必須從第六期開始，在往後的六個會期，由Ｄ在每一次會期給付三萬元給得標之會員，給付到第十一期（十一月一日）止。

Ｅ（六月一日）：第六期由Ｅ以新臺幣二千七百元得標，基本會款三萬元，扣除二千七百元得標金額後為二萬七千三百元。除了Ｅ之外的Ｆ、Ｇ、Ｈ、Ｉ、Ｊ等共五位活會會員，每個人必須要給付二萬七千三百元會款給Ｅ，共十三萬六千五百元，加上會首某甲應給付的

三萬元以及死會會員A、B、C、D各應給付的三萬元，E在六月一日的會期中共可取得二十八萬六千五百元。E則必須從第七期開始，在往後的五個會期，由E在每一次會期給付三萬元給得標之會員，給付到第十一期（十一月一日）止。

F（七月一日）：第七期由F以新臺幣二千五百元得標，基本會款三萬元，扣除二千五百元得標金額後為二萬七千五百元。除了F之外的G、H、I、J等共四位活會會員，每個人必須要給付二萬七千五百元會款給F，共十一萬元，加上會首某甲應給付的三萬元以及死會會員A、B、C、D、E各應給付的三萬元，F在七月一日的會期中共可取得二十九萬元。F則必須從第八期開始，在往後的四個會期，由F在每一次會期給付三萬元給得標之會員，給付到第十一期（十一月一日）止。

G（八月一日）：第八期由G以新臺幣二千五百元得標，基本會款三萬元，扣除二千五百元得標金額後為二萬七千五百元。除了G之外的H、I、J等共三位活會會員，每個人必須要給付二萬七千五百元會款給G，共八萬二千五百元，加上會首某甲應給付的三萬元以及死會會員A、B、C、D、E、F各應給付的三萬元，G在八月一日的會期中共可取得二十九萬二千五百元。G則必須從第九期開始，在往後的三個會期，由G在每一次會期給付三萬元給得標之會員，給付到第十一期（十一月一日）止。

H（九月一日）：第九期由H以新臺幣二千五百元得標，基本會款三萬元，扣除二千五

百元得標金額後為二萬七千五百元。除了Ｈ之外的Ｉ、Ｊ等共二位活會會員，每個人必須要給付二萬七千五百元會款給Ｈ，共五萬五千元，加上會首某甲應給付的三萬元以及死會會員Ａ、Ｂ、Ｃ、Ｄ、Ｅ、Ｆ、Ｇ各應給付的三萬元，Ｈ在九月一日的會期中共可取得二十九萬五千元。Ｈ則必須從第十期開始，在往後的二個會期，由Ｈ在每一次會期給付三萬元給得標之會員，給付到第十一期（十一月一日）止。

Ｉ（十月一日）：第十期由Ｉ以新臺幣二千二百元得標，基本會款三萬元，扣除二千二百元得標金額後為二萬七千八百元。除了Ｉ之外，只剩下Ｊ一位活會會員，Ｊ必須要給付二萬七千八百元會款給Ｉ，加上會首某甲應給付的三萬元以及死會會員Ａ、Ｂ、Ｃ、Ｄ、Ｅ、Ｆ、Ｇ、Ｈ各應給付的三萬元，Ｉ在十月一日的會期中共可取得二十九萬七千八百元。Ｉ則必須從第十一期給付三萬元給唯一未得標之會員Ｊ。

Ｊ（十一月一日）：第十一期為最後一個會期，俗稱尾會，只剩下Ｊ從未得標，因此該次會期，已經無人可以與之競標，而且這個時候Ｊ不須要再付會款給任何會員，只有從會首及所有得標者取得會款，所以尾會之得標金額都會是零元。此時會首某甲應給付的三萬元，加上死會會員Ａ、Ｂ、Ｃ、Ｄ、Ｅ、Ｆ、Ｇ、Ｈ、Ｉ各應給付的三萬元，Ｊ共可以得到三十萬元。這個合會到這就完美結束。

附表二　內標合會

	第一期（一月一日）		第二期（二月一日）		第三期（三月一日）		第四期（四月一日）	
	取得金額	付出金額	取得金額	付出金額	取得金額	付出金額	取得金額	付出金額
會首甲	三十萬	零	零	三萬	零	三萬	零	三萬
會員A	零	三萬	二十七萬三千	零	零	三萬	零	三萬
會員B	零	三萬	零	二萬七千	二十七萬六千	零	零	三萬
會員C	零	三萬	零	二萬七千	零	二萬七千	二十七萬九千	零
會員D	零	三萬	零	二萬七千	零	二萬七千	零	二萬七千
會員E	零	三萬	零	二萬七千	零	二萬七千	零	二萬七千
會員F	零	三萬	零	二萬七千	零	二萬七千	零	二萬七千
會員G	零	三萬	零	二萬七千	零	二萬七千	零	二萬七千
會員H	零	三萬	零	二萬七千	零	二萬七千	零	二萬七千
會員I	零	三萬	零	二萬七千	零	二萬七千	零	二萬七千
會員J	零	三萬	零	二萬七千	零	二萬七千	零	二萬七千

	第五期（五月一日）取得金額	第五期（五月一日）付出金額	第六期（六月一日）取得金額	第六期（六月一日）付出金額	第七期（七月一日）取得金額	第七期（七月一日）付出金額	第八期（八月一日）取得金額	第八期（八月一日）付出金額
會首甲	零	三萬	零	三萬	零	三萬	零	三萬
會員A	零	三萬	零	三萬	零	三萬	零	三萬
會員B	零	三萬	零	三萬	零	三萬	零	三萬
會員C	零	三萬	零	三萬	零	三萬	零	三萬
會員D	二十八萬三千八百	零	零	三萬	零	三萬	零	三萬
會員E	零	二萬七千三百	二十八萬六千五百	零	零	三萬	零	三萬
會員F	零	二萬七千三百	零	二萬七千三百	二十九萬	零	零	三萬
會員G	零	二萬七千三百	零	二萬七千三百	零	二萬七千五百	二十九萬二千五百	零
會員H	零	二萬七千三百	零	二萬七千三百	零	二萬七千五百	零	二萬七千五百
會員I	零	二萬七千三百	零	二萬七千三百	零	二萬七千五百	零	二萬七千五百

會員J	零	二萬七千三百	零	二萬七千三百	零	二萬七千五百	零	二萬七千五百

	第九期（九月一日）取得金額	第九期（九月一日）付出金額	第十期（十月一日）取得金額	第十期（十月一日）付出金額	第十一期（十一月一日）取得金額	第十一期（十一月一日）付出金額
會首甲	零	三萬	零	三萬	零	三萬
會員A	零	三萬	零	三萬	零	三萬
會員B	零	三萬	零	三萬	零	三萬
會員C	零	三萬	零	三萬	零	三萬
會員D	零	三萬	零	三萬	零	三萬
會員E	零	三萬	零	三萬	零	三萬
會員F	零	三萬	零	三萬	零	三萬
會員G	零	三萬	零	三萬	零	三萬
會員H	二十九萬五千	零	零	三萬	零	三萬
會員I	零	二萬七千五百	二十九萬七千八百	零	零	三萬

會員J	零	二萬七千五百	零	二萬七千八百	三十萬	零

附表三是在外標式合會下，基本金額三萬元，在附表一的得標狀況下，會首某甲及各個會員在各個會期所可取得之金額及應給付之金額，茲說明如下：

某甲（一月一日）：可取得新臺幣三十萬元整，情形和內標式一樣。會首某甲所取得的新臺幣三十萬元從第二期開始，在往後的十個會期，由某甲在每一次會期給付新臺幣三萬元給得標之會員，給付到第十一期（十一月一日）止。

A（二月一日）：第二期由A以新臺幣三千元得標，此時B、C、D、E、F、G、H、I、J等九位活會會員給付基本會款新臺幣三萬元給A，共新臺幣二十七萬元整，加上會首某甲應給付的新臺幣三萬元，A在二月一日的會期中，共可取得新臺幣三十萬元整。A則必須從第三期開始，在往後的九個會期，由A在每一次會期給付新臺幣三萬三千元（三萬元加上得標金額新臺幣三千元）給得標的會員，給付到第十一期止。

B（三月一日）：第三期由B以新臺幣三千元得標，此時會員C、D、E、F、G、H、I、J等八位活會會員應給付基本會款新臺幣三萬元給B，共新臺幣二十四萬元整，加上會首某甲應給付的新臺幣三萬元以及死會會員A在每一期應給付新臺幣三萬三千元，B在三月

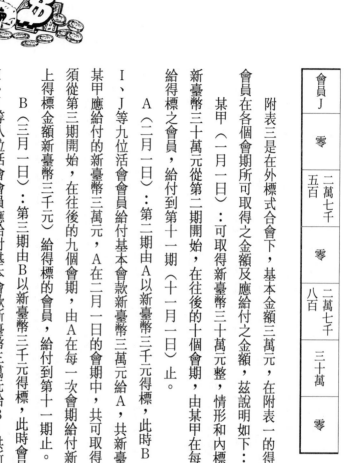

一日的會期中，可取得新臺幣三十萬三千元整。B則必須從第四個會期開始，在往後的八個會期，由B在每一次會期給付新臺幣三萬三千元給得標之會員，給付到第十一期止。

C（四月一日）：第四期由C以新臺幣三千元得標，此時會員D、E、F、G、H、I、J等七位活會會員給付基本會款新臺幣三萬元給C，共新臺幣二十一萬元整，加上會首某甲應給付的新臺幣三萬元以及死會會員A、B在每一期各應給付新臺幣三萬三千元，C在四月一日的會期中，可取得新臺幣三十萬六千元整。C則必須從第五個會期開始，在往後的七個會期，由C在每一次會期給付新臺幣三萬三千元給得標之會員，給付到第十一期止。

D（五月一日）：第五期由D以新臺幣二千七百元得標，此時會員E、F、G、H、I、J等六位活會會員給付基本會款新臺幣三萬元給D，共新臺幣十八萬元整，加上會首某甲應給付的新臺幣三萬元以及死會會員A、B、C在每一期各應給付新臺幣三萬三千元，D在五月一日的會期中，可取得新臺幣三十萬九千元整。D則必須從第六個會期開始，在往後的六個會期，由D在每一次會期給付新臺幣三萬二千七百元給得標之會員，給付到第十一期止。

E（六月一日）：第六期由E以新臺幣二千七百元得標，此時會員F、G、H、I、J等五位活會會員給付基本會款新臺幣三萬元給E，共新臺幣十五萬元整，加上會首某甲應給付的新臺幣三萬元以及死會會員A、B、C在每一期各應給付新臺幣三萬三千元，以及D在每一次會期應給付新臺幣三萬二千七百元，E在六月一日的會期中，可取得新臺幣三十一萬

一千七百元整。Ｅ則必須從第七個會期開始，在往後的五個會期，由Ｅ在每一次會期給付新臺幣三萬二千七百元給得標之會員，給付到第十一期止。

Ｆ（七月一日）：第七期由Ｆ以新臺幣二千五百元得標，此時會員Ｇ、Ｈ、Ｉ、Ｊ等四位活會會員給付基本會款新臺幣三萬元給Ｆ，共新臺幣十二萬元整，加上會首某甲應給付的新臺幣三萬元以及死會會員Ａ、Ｂ、Ｃ在每一期各應給付新臺幣三萬三千元，以及Ｄ、Ｅ在每一次會期應給付新臺幣三萬二千七百元，Ｆ在七月一日的會期中，可取得新臺幣三十一萬四千四百元整。Ｆ則必須從第八個會期開始，在往後的四個會期，由Ｆ在每一次會期給付新臺幣三萬二千五百元給得標之會員，給付到第十一期止。

Ｇ（八月一日）：第八期由Ｇ以新臺幣二千五百元得標，此時會員Ｈ、Ｉ、Ｊ等三位活會會員給付基本會款新臺幣三萬元給Ｇ，共新臺幣九萬元整，加上會首某甲應給付的新臺幣三萬元以及死會會員Ａ、Ｂ、Ｃ在每一期各應給付新臺幣三萬三千元，以及Ｄ、Ｅ在每一次會期應給付新臺幣三萬二千七百元及Ｆ在每一期應給付新臺幣三萬二千五百元，Ｇ在八月一日的會期中，可取得新臺幣三十一萬六千九百元整。Ｇ則必須從第九個會期開始，在往後的三個會期，由Ｇ在每一次會期給付新臺幣三萬二千五百元給得標之會員，給付到第十一期止。

Ｈ（九月一日）：第九期由Ｈ以新臺幣二千五百元得標，此時會員Ｉ、Ｊ等二位活會會員給付基本會款新臺幣三萬元給Ｈ，共新臺幣六萬元整，加上會首某甲應給付的新臺幣三萬

元以及死會會員A、B、C在每一期各應給付新臺幣三萬三千元，D、E在每一次會期各應給付新臺幣三萬二千七百元及F、G在每一期各應給付新臺幣三萬二千五百元，H在九月一日的會期中，可取得新臺幣三十一萬九千四百元整。H則必須從第十個會期開始，在往後的二個會期，由H在每一次會期給付新臺幣三萬二千五百元給得標之會員，給付到第十一期止。

I（十月一日）：第十期由I以新臺幣二千二百元得標，此時活會會員J給付基本會款新臺幣三萬元給I，加上會首某甲應給付的新臺幣三萬元以及死會會員A、B、C在每一期各應給付新臺幣三萬三千元，D、E在每一次會期各應給付新臺幣三萬二千七百元及F、G、H在每一期各應給付新臺幣三萬二千五百元，I在十月一日的會期中，可取得新臺幣三十二萬一千九百元整。I則必須從第十一個會期開始，在往後的一個會期，由I在每一次會期給付新臺幣三萬二千二百元給得標之會員，給付到第十一期止。

J（十一月一日）：第十一期為尾會，只剩下J從未得標，因此該次會期，已經無人可以與之競標，而且這個時候J不須要再付會款給任何會員，只有從會首及所有得標會員取得會款，所以和內標式的合會相同，尾會之得標金額都會是零元。在這一個會期，會首某甲應給付的新臺幣三萬元以及死會會員A、B、C在每一期各應給付新臺幣三萬三千元，D、E在每一次會期各應給付新臺幣三萬二千七百元及F、G、H在每一期各應給付新臺幣三萬二千五百元，以及I應給付的新臺幣三萬二千二百元，J在尾會共可取得三十二萬四千一百元。

附表三 外標合會

	第一期（一月一日）		第二期（二月一日）		第三期（三月一日）		第四期（四月一日）	
	取得金額	付出金額	取得金額	付出金額	取得金額	付出金額	取得金額	付出金額
會首甲	三十萬	零	零	三萬	零	三萬	零	三萬
會員A	零	三萬	三十萬	零	零	三萬三千	零	三萬三千
會員B	零	三萬	零	三萬	三十萬三千	零	零	三萬三千
會員C	零	三萬	零	三萬	零	三萬	三十萬六千	零
會員D	零	三萬	零	三萬	零	三萬	零	三萬
會員E	零	三萬	零	三萬	零	三萬	零	三萬
會員F	零	三萬	零	三萬	零	三萬	零	三萬
會員G	零	三萬	零	三萬	零	三萬	零	三萬
會員H	零	三萬	零	三萬	零	三萬	零	三萬
會員I	零	三萬	零	三萬	零	三萬	零	三萬
會員J	零	三萬	零	三萬	零	三萬	零	三萬

	第五期（五月一日）		第六期（六月一日）		第七期（七月一日）		第八期（八月一日）	
	取得金額	付出金額	取得金額	付出金額	取得金額	付出金額	取得金額	付出金額
會首甲	零	三萬	零	三萬	零	三萬	零	三萬
會員A	零	三萬三千	零	三萬三千	零	三萬三千	零	三萬三千
會員B	零	三萬三千	零	三萬三千	零	三萬三千	零	三萬三千
會員C	零	三萬三千	零	三萬三千	零	三萬三千	零	三萬三千
會員D	三十萬九千	零	零	三萬二千七百	零	三萬二千七百	零	三萬二千七百
會員E	零	三萬	三十一萬一千七百	零	零	三萬二千七百	零	三萬二千七百
會員F	零	三萬	零	三萬	三十一萬四千四百	零	零	三萬二千五百
會員G	零	三萬	零	三萬	零	三萬	三十一萬六千九百	零
會員H	零	三萬	零	三萬	零	三萬	零	三萬
會員I	零	三萬	零	三萬	零	三萬	零	三萬
會員J	零	三萬	零	三萬	零	三萬	零	三萬

	第九期（九月一日）		第十期（十月一日）		第十一期（十一月一日）	
	取得金額	付出金額	取得金額	付出金額	取得金額	付出金額
會首甲	零	三萬	零	三萬	零	三萬
會員A	零	三萬三千	零	三萬三千	零	三萬三千
會員B	零	三萬三千	零	三萬三千	零	三萬三千
會員C	零	三萬三千	零	三萬三千	零	三萬三千
會員D	零	三萬二千七百	零	三萬二千七百	零	三萬二千七百
會員E	零	三萬二千七百	零	三萬二千七百	零	三萬二千七百
會員F	零	三萬二千五百	零	三萬二千五百	零	三萬二千五百
會員G	零	三萬二千五百	零	三萬二千五百	零	三萬二千五百
會員H	三十一萬九千四百	零	零	三萬二千五百	零	三萬二千五百
會員I	零	三萬	三十二萬一千九百	零	零	三萬二千二百

會員J	零	三萬	零	三萬	三十二萬四千一百	零

問題七

民法對於標會的方式有沒有任何的限制？

實例

老王的朋友老張邀集了一個合會，老王看到會單上記載著合會的方式是：基本會款新臺幣一萬元，總共二十個會份，使用內標式。第一期的得標金是新臺幣一千五百元，第二期為新臺幣一千四百五十元，第三期為新臺幣一千四百元，以後每個會期依次遞減得標金新臺幣五十元，各會期的得會會員在起會時抽籤決定，以後不再開標，每個會員按時繳交會款。因為老王從來沒有參加過這樣的合會，所以對於這樣的合會方式有點疑惑。這樣的合會方式是合法的嗎？

解答

依照民法第七百零九條之三第一項第六款的規定，合會的標會方法必須在會單上記載清

楚。前面已經介紹過內標式合會及外標式合會的基本架構及運作方式，但是在這種基本架構之下還是有很多的變化。而且像前面所介紹的，傳統的合會方式中，還有所謂「輪會」及「搖會」等等的方式，雖然在現在的社會中較少存在，但如果有人在現在盛行的內標式合會及外標式合會中，引用傳統合會中「輪會」及「搖會」或其他的合會的精神，只要參加的會首及會員大家都同意，並無不可。

不過必須注意的，雖然民法對於標會的方式並沒有任何的限制，所以理論上，只要不違背公序良俗，也沒有違背其他法律的規定，在經過所有會員的同意後，任何標會的方式都是法律所允許的。但是標會的方式必須在會單上明確記載，尤其是如果採用和一般慣常標會方式不同的方式，更須要記載清楚，以免發生法律效力上的爭議，甚或衍生糾紛。

以本題的實例中所舉的情形，基本會款新臺幣一萬元，總共二十個會份，第一期的得標金是新臺幣一千五百元，第二期為新臺幣一千四百五十元，第三期為新臺幣一千四百元，以後每個會期依次遞減得標金新臺幣五十元，各會期的得會會員在起會時抽籤決定，以後不再投標，嚴格來講，這種合會的方式並不是標會的方式，而是傳統合會中輪會的方式，因為沒有「競標」的方式（競出標金並以最高出標者作為得標者是標會的特徵），但民法並沒有規定一定要以競標的標會方式作為得會的方式，只要得會的方式經過所有參與合會者的同意，都是合法的。

問題八

何謂「會份」？

解 答

在日常的合會用語中，我們假如聽到某一個人說：「我參加了三個會。」他說這句話的時候，可能有兩種意義：一種意義可能是指參加了三個合會；另外一種意義可能是指他參加了一個合會，但是他一個人就占了三個名額（會份）。在民法修正案的條文中，明確地把這兩種不同意義的名詞區分出來，並且確定了同一個合會中每一個會員的地位叫做一個「會份」，兩個會員的地位叫兩個「會份」。所以假如說參加了三個合會就代表參加三個不同的合會，但假如是在同一個合會裡面占有三個會員的地位（名額），則叫做「參加三個會份」而不叫做「參加三個會」，「參加三個會」這樣的說法會被認定是指參加三個不同的合會。

以往在法院的實務運作上，因為「會份」這個名詞沒有被完全確立，因此很多訴訟當事人在回答法官問題的時候都經常產生混淆的情形，訴訟當事人回答參加了好幾個會時，法官總是要明確的問到底是參加了好幾個合會還是在一個合會中參加好幾個會份。有時候還講得清楚，但有時候因為語言上的隔閡，或者緊張，或者認知上的差距，不見得講得清楚，常常因為這樣而產生了很多的誤解以及筆錄上記載的不明確。既然民法中對於「會份」的意義已經加以規定了，以後在文件中記載或者回答問題的時候就應該力求明確，到底是參加數個合會或者是在一個合會中參加數個會份，就可以完全區分開來，不會產生困擾。

問題九

一個人在同一個合會中最多可以參加幾個會份？

實　例

老張起了一個合會，除了會首老張之外，共有十個會份。可是除了老王和老周之外，其他八個會份都是老李參加，到底這個合會合不合法？老王適不適合參加？

解　答

民法中對於某一個人在一個合會當中到底可以參加幾個會份並沒有限制，只要個人的經濟能力許可，有辦法繳得起會款，而且他在理財規劃上又有需要，一個人在某一個合會中可以參加很多個會份。

不過，因為合會是互助的儲蓄性民間經濟制度，所以合會的本質是積少成多，聚眾成城，

每一個人在一個會份中所必須繳交的會款並不多，但聚集多數人之後就可以累積相當大的一筆金額，因此合會是藉由眾多參與合會的人大家相互的參與，才能達到互助、救急及儲蓄的功能。假如某一個人在一個合會中占有太多的會份，感覺上就好像那個人是金主，由他借錢給大家使用，而他本身則賺取合會的利息。這樣就好像是某一個人提供資金給大家，是單方的資助與借款，而比較不是互助的性質。

而且最重要的，在實際運作上，如果某個人在一個合會中占有太多的會份，則他個人的經濟狀況對這一個合會的影響會比較大。如果這一個參加很多會份的人經濟上發生了困難，將很容易導致這一個合會的倒會，並進而影響大家的權益。例如某一個合會有三十個會份，假如每一個人都只參加一個會份，則其中一個會員經濟狀況不佳而發生付不出會款的情況，大家所受到的影響頂多只是三十分之一的權益；但假如這個有三十個會份的合會中，某一個人就參加了十個會份，一旦這個人經濟狀況不佳而繳不出會款，就會影響大家三分之一的權益。

因此之故，當一個合會中如果有某一個人所參與的會份占太大比例的話，就不是從法律層面來考慮要不要參加，而是應該要從經濟及風險的層面上來考慮是不是要參與這一個合會。雖然民法中關於每一個人參與合會的會份並沒有數量上的限制，但是在某個合會中如果有某一個人的會份占有相當大的比例時，就不適宜參加，以免冒太大的風險。即使參加之後，參與這個合會的會員也必須對於占有大比例會份的會員的經濟狀況特別加以注意，以免因為這位會員經濟狀況發生變化而致產生倒會的連鎖效應，影響大家的權益。

問題十

民法中對於合會會員的人數有沒有限制？

實 例

老張邀集了一個合會，會員人數多達一百人，每個月一個會期，整個合會的期間長達八年多，這樣的合會合不合法？適不適合參加？

解 答

依照民法第七百零九條之一之規定，即使只有會首與會員各一名，也可以成立合會，所以合會會員的人數最低額並沒有限制，可以只有會首及會員各一人。而會員人數的上限民法也沒有限定，理論上可以多至無限多。所以說，依照民法的規定，合會會員人數的多寡並沒有限制。

不過，即使會員人數不論多寡在法律上都是有效，但是要參加合會的時候，對於會員人

數的多寡還是必須注意。因為合會是一種互助型的經濟組織，必須要積少成多才能發揮功效，假如會員人數太少，則沒有辦法聚集太多的錢，所能發揮的經濟功能比較小，但假如合會會員人數眾多，雖然能夠聚集比較多的金錢，但是多一個會員，就會多一個會期，不只時間延長，風險也會增加。因為只要會員中有一個人經濟狀況產生變化，就容易發生連鎖效應，倒會的風險就相對增大，所以多一個會員，是多一分助力，但也是多一分風險。會員增多，風險就增大，會期過長，風險也就提高。

所以說，會員多寡雖然不牽涉到合會合法與否的問題，但是要參加合會的時候，還是必須考慮到風險的問題，會員人數太多或者合會期間太長，都比較不適宜參加。一般的合會，大都在二、三年間就會結束，更短的甚至不到一年就結束，如果長達四、五年以上，實在不宜參加。

問題十一

何謂合會金？會款？會錢？會金？會仔錢？

解答

在日常的一般用語上，對於合會契約中所牽涉的款項，我們經常都統稱為「會款」、「會

金」或者「會錢」，臺語則稱作「會仔錢」。在民法修正的時候，為了統一法律的用語，因此在民法第七百零九條之一，對於「會款」及「合會金」則加以區別。

依照民法第七百零九條之一之規定：「稱合會者，謂由會首邀集二人以上為會員，互約交付會款及標取合會金之契約。其僅由會首與會員為約定者，亦成立合會。前項合會金，係指會首及會員應交付之全部會款。會款得為金錢或其他代替物。」

本條第二項是關於「合會金」及「會款」意義的規定。因為「合會金」及「會款」之意義為何，在現行法院實務及民間用語上多有混用之情況。民法第七百零九條之一第二項明定，「會款」係指在每期標會時，會首及會員個別應該交付之金錢或其他代替物；而「合會金」則係指會首及會員應交付之全部會款，也就是會首及會員所應交付之會款的總額。至於「會錢」、「會金」等習慣用語在法律上則不再使用。既然民法中對於「會款」及「合會金」已經有定義了，所以民眾以後標會時應該要慎用名詞，以免混淆。

至於會款的種類，會款一般都是金錢，但在民間習俗中亦存在所謂稻穀會者，是以稻米的折算給付作為合會的標的，因此民法規定會款之交付並不限於金錢，其他代替物也可以，本條第三項規定會款得為金錢或其他代替物。

問題十二

何謂會首錢？會首錢的運作方式是怎麼樣？

解答

「會首錢」在臺語中又稱「會頭錢」。按會首之所以要召集合會，通常是因為會首需要一筆資金，但告貸無門，或者無力負擔利息，所以才起一個會擔任會首。而合會運作之方式，首期合會並不經過投標，由所有參加合會的會員先繳交第一期的會款給會首無息使用，這就是俗稱的「會首錢」。會首可以先使用這一筆會首錢，然後再依照各個會期，分次無息返還會款給得標者。因為會首可以無息使用所有會員繳交的第一期會款，等於是參加合會的會員幫會首度過經濟上的難關。而每個會員所繳交給會首無息使用的只是區區的一期的會款，數目並不大，但積少成多，累積數十個會員的錢，也就成了相當大的數目了。這就是合會互助的功能。

因為會首錢不經投標由會首取得，所以也沒有得標金額，因此在內標式的合會，會首自會員所取得之首期會款是未經扣除任何金額的合會基本金額。而在外標式的合會，會首自會員所取得之首期會款也是未經扣除任何金額的合會基本金額，會首往後在各個會期返還給得標會員的也是合會的基本金額，並不需要附加任何金額返還。

民法第七百零九條之五也規定「首期合會金不經投標，由會首取得，其餘各期由得標會員取得。」

問題十三

「會頭」、「會首」、「會員」、「會腳」這幾個名詞的意義有什麼差別？

解答

因為合會是在臺灣民間盛行的習慣，因此許多合會中使用的名詞，原來都只是臺灣地區各種通用的語言中使用的名詞。因此，現行法院實務中有關合會糾紛所使用的名詞，很多也是由臺語翻譯成國語而來。以前因為名詞沒有統一，所以使用上會有混淆。臺語中「會頭」就是召集合會的人，在民法修正條文統一名稱定名為「會首」。而參與合會的人在臺語中的發音為「會腳」，所以以前在判例或文件中「會員」或「會腳」的名詞均曾出現。在民法修正條文中則統一定名為「會員」。

問題十四

公司或者法人可不可以擔任合會的會首或會員？

實例

老陳是一間公司的老闆，以前老陳參加合會的時候，都是用公司的名義參加，數年來均相安無事，問民法修正條文的實行對於老陳以公司名義參加合會的行為有沒有影響？

解答

在民間的習俗上，公司或者法人是可以成為合會的會員或者會首，所以以前在會單中經常可以看到會員是公司或者法人的情形。在實務上，法院的判例中亦承認公司可以擔任會首，例如最高法院四十七年臺上字第一八〇八號判例：「被上訴人合會儲蓄股份有限公司所組織之合會，係以投標方式由各參加會員投標，以標面最低金額為得標，其投標金額與給付金額之差額，則平均分配於未受給付之會員，此為參加合會會員間契約所約定，並報經臺灣省財政廳予以核准，自與民法第二百零六條所謂巧取利益之情節不同，該契約仍應認為有效成立。」另外最高法院四十九年臺上字第一三六一號判決中亦承認臺灣興業股份有限公司成立之合會

是有效的合會。

不過，民法修正條文中則規定公司及法人不能參加合會擔任會首或會員。依照民法第七百零九條之二第一項之規定「會首及會員，以自然人為限」，所以在民法修正條文施行後，只有自然人才可以擔任合會的會員及會首，公司及法人並不能夠擔任合會的會員及會首。

關於合會的會首及會員是不是僅以自然人為限，其實一直存在著爭議，很多人覺得公司及法人在法律上同樣具有人格，實在沒有加以限制的道理，而且以往民間的合會運作中也經常有公司及法人擔任會首或會員的情形，也沒有因此而產生問題，而且一般民間也不認為公司及法人擔任會首或會員有什麼問題，所以對於公司及法人不能參與合會擔任會首或會員頗為質疑。

確實，公司及法人到底能不能參與合會有見仁見智的看法。不過為何民法規定公司及法人不能夠擔任合會的會員及會首，是因為合會係民間經濟互助合作的組織，合會本身具有相當程度的金融功能。而法人中的公益法人，目的是在提倡公益，本身就不適宜介入有營利及金融功能的合會運作。至於營利性的法人，其能夠從事的營業活動，公司法及相關法律中都有加以規範，並不能為所欲為，如果非金融性質的營利法人能夠介入合會活動的話，將會產生金融運作上的極大困擾，且將有牴觸金融法規之虞。尤其營利性的法人是集眾人之資而成立的，其財力通常比一般自然人雄厚，假如有法人或企業介入合會運作的話，恐怕將形成鉅

額資金的集中，運用不慎，其影響層面將比自然人個人倒會的情形要嚴重許多，可能會造成金融秩序上比較大的動盪。而且公司及法人如果要融資的話，本來就有一定的法定管道，如果法人要成立合作社組織或者從事金融相關的活動，更有一定的法規可循。基於上述的種種因素，實在不宜讓公司或法人參與合會中的運作，成為會首或者會員，因此民法修正條文規定會首及會員以自然人為限，如果不是自然人的話，就不能成為合會之會首或會員。

問題十五

商號能不能擔任合會的會員或會首？

實　例

老王開了一家雜貨店名稱叫「春記號雜貨店」，老王參加合會時在會單上都記載「春記」二字，大家也都知道春記就是老王，在民法修正條文實行後，老王還能不能以春記的名義參加合會？

解　答

商號和法人不同。法人是在自然人之外成立一個具有獨立人格的法人。所以在法律上，

「公司的股東」和「公司本身」二者的法律人格是獨立分開的，公司的債權債務不會影響股東個人的財產，股東個人的債權債務也完全不會影響到公司，股東和公司是不同的人格主體。

但是商號就不一樣了，「商號」本身和「商號負責人」二者結合為一體。商號本身並不具法律人格，在法律上，商號本身和該商號負責人的人格是一體的，二者共有一個人格，並沒有分開的人格。所以商號的債務，商號負責人要負責到底，而商號負責人的債務，商號本身也要負責。

以本件實例而言，「老王」這個自然人和「春記號雜貨店」二者在法律上是一體的。在訴訟實務的文件上，就記載為「老王即春記號雜貨店」或者記載「春記號雜貨店即老王」，由其中記載的「即」字，就可以知道商號和該商號負責人二者的法律人格是一體的。

因為商號並沒有獨立的人格，和該商號負責人的法律人格是一體的，所以假如以商號名稱擔任會首及會員，其實就是以該商號負責人的自然人人格作為會員及會首。因此並不違背民法第七百零九條之二第一項的規定。

至於在合會的會單上使用該商號的名稱，在解釋上該商號的名稱只是用來指稱該負責人自然人人格的名稱而已。其情形就好像一個自然人以外號參加合會一樣，例如有一個人名字叫「游文正」，外號叫「阿不拉」，在會單上雖然記載的並不是「游文正」而是「阿不拉」，大家也都知道「阿不拉」就是指「游文正」。則在法律的解釋上，這個「阿不拉」其實就是指「游文正」，雖然在自然人之中並沒有存在「阿不拉」這個人，但「阿不拉」只是用來指稱自然人的外號而已，參加合會的就是「游文正」這個自然人。

如果以商號名義參加合會，其情形也是如此，以商號名稱擔任會首及會員，事實上就是以該商號的負責人的自然人人格作為會員及會首，在法律上仍然是有效的。

問題十六

無行為能力人或限制行為能力人能不能參加合會？

實　例

老王以他十六歲就讀高中的兒子的名義，參加合會，可不可行？

解　答

依照民法第七十六條之規定，「無行為能力人，由法定代理人代為意思表示，並代受意思表示。」民法第七十七條規定「限制行為能力人為意思表示及受意思表示，應得法定代理人之允許」。所以無行為能力人本身根本沒有辦法為意思表示，而限制行為能力人為意思表示的時候，也必須要得到法定代理人之事先允許或事後承認才能生效。這樣的規定也影響無行為能力人或限制行為能力人到底能不能參加合會成為會首或會員。

就擔任會首而言，會首在合會中有比較複雜的權利義務，而這些權利義務的行使很多都需要以意思表示表達。假如每一次的意思表示都要得到法定代理人的允許，或者由法定代理人代受意思表示，就非常麻煩，而這個合會的運作也會產生問題。例如，如果主持開標，通知會員開標，簽名於會單上，通知會員得標，代收會款，決定得標者等等都是需要意思表示的，假如每做一個動作都需要得到法定代理人的同意或者承認，那合會實在是窒礙難行，無法運作。所以民法第七百零九條之二第三項規定「無行為能力人及限制行為能力人不得為會首」。

但參與擔任合會會員就不一樣了，合會會員的權利義務比較單純，在義務方面只有繳納會款的義務，而權利方面則是得參與競標並取得合會金的權利，所以合會會員的權利義務相當單純。如果由法定代理人代為意思表示或者代受意思表示，或者必須得到法定代理人的同意或者承認，還並不會對合會的運作造成很大的困擾，所以無行為能力人及限制行為能力人雖然不能擔任合會的會首，但仍然可以擔任合會的會員。

不過，依照民法第七百零九條之二第二項規定，「會首不得兼為同一合會之會員」。假如無行為能力人及限制行為能力人所參加的合會是由其法定代理人擔任會首的合會，則加入為會員的這一個無行為能力人或限制行為能力人，每一次做任何的意思表示，都要由身為合會會首的法定代理人代為意思表示或者要得到會首的同意或者承認。則該無行為能力人或限制行為能力人的會份等於是由會首在控制，其結果和會首兼為同一合會的會員一樣，所以第七百零九條之二第三項規定「無行為能力人及限制行為能力人不得為會首，亦不得參加其法定代理人為會首之合會。」

在實務的運作上，無行為能力人或限制行為能力人擔任會首的情形實在很少見，所以問題並不大。反倒是經常有會首在自己所召集的合會中以自己的未成年兒女的名義加入成為合會會員的情形，在民法修正條文施行之後，就不能夠再有這種情形存在了。不過如果是參與合會的會員以他自己的兒女名義多參加了幾個會份，則是法律所允許的。

問題十七

會首能不能在他所召集的合會中同時兼為會員？

實　例

老張起了一個合會，由老張擔任會首，預計召募三十個會員，但結果只召募到二十八個會員，另外二個會份，老張以自己的名義參加，問合不合法？

解答

在一般的民間習俗上，經常有會首在自己所召集的合會中另外加入會份擔任會員的情況發生，通常大家也不以為意。不過民法第七百零九條之二第二項規定「會首不得兼為同一合會之會員」，所以以後這種情形就不可以再發生了，而會首兼為會員所產生的弊端應該可以減少很多。

會首在他自己所起的合會中兼為會員極容易產生弊端，因為會首在合會中擔任極為重要的角色，而且會首要主持合會的開標，必須要公正超然，假如會首本身也具有會員之身分，則當會首本身有也要以會員身分參與競標的時候，難免會有偏頗的情況發生，而不容易保持超然公正的立場。

再者，依據民法第七百零九條之七之規定，會首有代逾期未繳會款之會員先行代為給付會款的義務。民法第七百零九條之七的規定是對其他會員的雙重保障，因為假如有會員逾期沒有繳納會款，則會首有義務先行代為繳納會款，這樣就等於是有二個人來負擔繳交會款的義務，理論上比較不會發生逾期不繳納會款或者倒會的情況。但是假如會首本身又兼為會員，則如果有逾期給付會款的情形，會首還是這一個逾期未繳會款的人，會首與會員的身分合一，實際上只有會首本身擔負責任，而不是會首及會員二個人負責，這樣對其他會員的保障就少

了一層。

而且，就像我們在前面曾經分析過的，某一個會員在一個合會當中不應當占有太多的會份，否則容易發生倒會的情況。不過，即使某一個會員在合會中占有好幾個會份，但是如果會首能夠保持超然公正的立場嚴加監督，這個會員還是沒有上下其手的機會。

可是假如會首本身兼為會員的話，情況就不一樣了，會增加很多會首舞弊的機會。因為主持合會開標的是會首，收取會款的時候也是由會首去收取，交付會款也是透過會首，實際上對於整個合會的運作以及會款收取及交付的情況只有會首最為清楚。至於其他一般的會員，大部分都不見得參與合會的開標，即使參與開標，對於收取會款及交付會款的狀況也不甚明瞭，所以只有會首是可以操控合會運作的。

如果會首只有會首身分的話，會首唯一可以取得的錢就是收取會首錢（第一期的合會金），至於其他的會期，會首就沒有辦法再取得合會金，如果會首收取會款之後，沒有將合會金交付給得標的會員，大家馬上會發覺（至少得會的會員會馬上知道），所以會首比較沒有上下其手的機會。但是假如會首兼為會員，則會首就有很多情況可以利用自己兼為會員的身分上下其手。

例如在某個會期中，實際上並沒有人得標，依照民法第七百零九條之六第二項規定，應該用抽籤或者大家預先協定的方式決定得會的會員，假如會首本身沒有兼為會員，則會首除

非與其他會員勾結，否則必定會維持公平超然的立場，依法律或約定的方式決定得會者。假如某個會期實際上並沒有人得標，而會首向會員詐稱某甲得標，則只要會員之中有跟某甲是好朋友的向某甲查證，會首的謊言就很容易被揭穿。可是假如會首本身有會份的話，就比較不容易查證會首的騙局。

例如合會中有二群人，這二群人雖然和會首都認識，但彼此則互相不相識，其中一群和會員某甲比較熟，另外一群則是和會員某乙比較熟。因為合會是由會首約集自己的親朋好友成立的，會首自己當然知道會員當中哪一些人跟某甲是朋友，而哪一些人跟某甲不是朋友。如果某一個會期實際上並沒有人得標而會首又要耍詐時，則他可以向某甲的好朋友騙說是會首自己的會份得標，而對於那些和某甲不熟識的會員，會首可以騙說是某甲得標，因為和某甲熟識的人以為會首自己得標，而和某甲不熟的會員則因為不認識某甲，不會去查證，因此沒有人知道被騙了。而等到下一個沒有人競標的會期，會首就可以反過來向某甲及某甲的朋友詐稱是某乙得標，而向某乙及某乙的朋友則宣稱是會首自己的會份得標。其結果，某甲、某乙及所有的會員都會以為某甲及某乙都曾經得標一次，但實際上二次的會錢已經被會首拿走，某甲、某乙以及其他全部的會員也一定要到合會的末期才會發覺。如此就增加倒會的可能性，所以法律才會規定會首不應該兼為會員，以防止弊端的產生。

第二章 合會的會單

問題十八

合會是不是一定要訂立會單？

實 例

老張擔任合會會首已經有二十幾年的經驗，以往老張召集合會時是口頭約定，也沒有會單，只有自己在帳簿上記載各期的得標者及得標金額。在民法修正條文施行後，老張要如何因應？

解 答

早期一般民間的合會大多數沒有訂立任何書面，因為合會是民間的經濟互助制度，而早期知識程度不高，合會也都是大家口頭之間約定就成立，所以大部分都沒有訂立會單。即使有書面，也都是極為簡單的書面。不過隨著民眾知識程度提高，大家漸漸覺得需要有一個書面作為合會的憑據，所以後來大多數的合會已經漸漸開始採用書面的方式，而有會單的書立。不過，因為以前沒有法律的規定，因此對於會單的內容記載也繁簡不一。

通常，如果有製作會單的話，起會日期、標會日期、標會地點、合會會款的基本數額以

及會員的姓名，都是最起碼的記載事項。但事實上，比這種記載方式更為簡略的會單也多有所見，為了統一會單的製作方式並避免法律上的爭議，民法債編修正條文第七百零九條之三規定，合會應訂立會單，而且對於會單上記載事項有明確的約定。茲說明如下：

1. 會首之姓名、住址及電話號碼：法律上並沒有規定在會單上一定要用本名，因此在會單上以別名顯示並無不可，在會單上記載電話號碼及地址則是為了連絡上的方便。

2. 全體會員之姓名、住址及電話號碼：合會係由會首所召集，通常會首和會員間彼此大都認識，但會員相互之間則不一定認識，而因為會員彼此間不熟，在連絡上也有困難，所以社會上經常發生會首利用會員彼此間不認識的情況，而有上下其手，甚至有謊報得標金額、冒標、盜標的情事，產生了很多糾紛，嚴重者甚至因而導致倒會。所以民法規定會單上必須要書寫全體會員之姓名、住址及電話號碼，以便會員彼此聯繫，並可藉此防止會首從中舞弊。

3. 每一會份會款之種類及基本數額：會款之種類必須記載究竟是現金或其他代替物。如果是現金的話，通常記載為「新臺幣若干元」，或者「美金若干元」；如果是代替物的話，則某種物品數量若干，例如記載「稻穀若干斤」等等。

會款的基本數額是指未計算得標金額時，該合會每期會款的數額。在內標式的合會，基本數額扣除得標金額即為該會期未得標會員應繳交給得標會員的會款數額。例如會款基本數額為一萬元，得標金額為一千元，則未得標的活會會員應繳交給得標會員的會款為九千元。在外標式的合會，得標會員向未得標的活會會員所收取之金額就是合會約定的基本數額，但得標會員往後在各個會期應該給付給得標會員的金額則為基本數額加上其得標金額。例如會款的基本數額為一萬元，得標金額為一千元，則未得標的活會會員應繳交給得標會員的會款為一萬元，但該得標會員往後各會期應該給付（返還）的死會會款則為一萬一千元。

4. 起會日期：就是合會會首召集合會的日期。

5. 標會期日：何時標會必須記載清楚，因為有可能按月開標或每十五日開標或每四十日開標，標會期日必須由會首與會員約定而明確記載於會單上。

6. 標會方法：民法第七百零九條之六對於標會之方法有原則性規定，但假如會首與會員間有特別的標會方式約定，例如約定以某一種順序用輪流的方式得會，或者約定有二個以上的最高出標者以猜拳方式決定得標者，則必須明確記載於會單上。

7. 出標金額有約定其最高額或最低額之限制者，其約定：為了防止利息過低，經常有出標金額最低額的限制，而為了防止大家搶標或者有人惡意以高額之標金惡性競標，也常會有出標金額最高額之約定。無論有最低額或最高額限制，均須規定於會單上面。

在民法債編修正條文實施之前，因為法律上並沒有規定合會如何成立，因此也沒有規定一定要有書面的會單，所以即使沒有會單的書立，依照口頭的約定還是可以成立合會。但是在民法債編修正條文施行之後，成立合會就一定要訂立會單，假如沒有訂立會單的話，原則上該合會尚未成立。

不過，即使還沒有訂立會單，但假如會員及會首之間已經開始合會的運作，合會會員並且已經繳交會款，也不應該讓這個合會無效，以免繳交會款的會員權益受損。所以民法第七百零九條之三第三項規定，會員假如已經交付首期會款者，即使沒有訂立會單或者會單沒有經過會首或者會員簽名，但合會契約仍然視為已經成立。

問題十九

會員參加合會時，在會單上是不是一定要使用本名？

實　例

老王參加了老張擔任會首的合會，會單上除了一些列有真正姓名的會員之外，有一些會員的名稱用「阿蘭」、「柯桑」、「小周」等別名。會不會有問題？

解　答

雖然依照民法第七百零九條之三規定，會單上必須記載會首及會員的「姓名」，但是在解釋上，會單上的姓名不一定要使用本名，只要讓所有參與合會的會員能夠辨明會單上參加合會的人到底是誰就可以了，並不一定要使用本名。例如有一個人名字叫「陸大同」，外號叫「老六」，而在會單上雖然記載的並不是「陸大同」而是「老六」，但是只要所有參與合會的會員都知道這個「老六」就是指「陸大同」，這樣就可以了。

不過在會單上如果不是使用本名，而是使用別名，該別名記載的方式也必須讓所有參與合會的會員能夠辨明到底該別名是誰。以前經常有會首以別名的方式記載一些實際上並不存在的人作為幽靈會員，等到其他會員發現時已經發生糾紛甚至倒會了，影響會員權益甚鉅。現在民法規定除了要記載會員的姓名之外，還要記載住址和電話號碼，應該可以減少會首假借名義欺騙會員的情形發生。因此如果有別名的記載時，還是要記載明確，以免衍生紛爭。

問題二十

合會的會單上如果記載的事項比法律規定的還要少，或者比法律規定的還要多，會不會影響會單的效力？

實　例

老陳參加老張擔任會首的合會，會單上記載「所有會款必須以無記名支票支付」，老陳知道民法第七百零九條之三有關會單的記載事項的規定中並沒有規定會款給付方式也要記載，老陳擔心這樣的會單會不會有問題？

解答

依照民法第七百零九條之三之規定，合會會單有七個應該記載的事項分別是：⑴會首之姓名、住址及電話號碼。⑵全體會員之姓名、住址及電話號碼。⑶每一會份會款之種類及基本數額。⑷起會日期。⑸標會期日。⑹標會方法。⑺出標金額有約定其最高額或最低額之限制者，其約定。但假如會單上所記載的事項比法律所規定的事項更多或者更少的話，並不會影響該合會契約的效力。

因為依照民法第七百零九條之三第三項的規定，縱使沒有訂立會單，但只要會員已交付首期會款者，合會契約還是可以成立。因此雖然依照民法第七百零九條之三的規定，合會要訂立會單，但並不是一定要書立會單才能成立合會契約。也就是說，合會契約的成立並不是嚴格地要以書立的會單才能成立。而既然連沒有書立合會會單都可以成立合會契約，舉重明輕，合會會單上即使記載的事項比民法所要求的還要少，並不代表這個合會沒有效力。但是值得注意的是既然會首要召集合會，卻又不好好依照法律的規定製作會單，則該會首的誠信及能力是否有值得研究之處，倒是值得參與這個合會的會員仔細思考。

至於合會會單上記載的事項假如比法律規定的還要多，例如本問題實例中所舉，會單上約定給付會款必須以支票給付。基於契約自由的原則，只要會單上的約定事項沒有違背公序良俗，也未有違法之處，則即使是民法第七百零九條之三所未規定的應該記載事項，關於該事項的約定仍然有效。

在實務上，因為工商社會中大家事務繁忙，為了怕每期收取會款的麻煩，很多合會均事先約定由會員開立支票作為給付會款的工具。尤其是外標式的合會，因為每個會員每一期給付的會款金額都是固定的，更經常由會員預先按各個會期的日期簽立定額的（通常就是該合會的基本金額）支票交給會首，以後每次開標之後，會首就將大家預先開立好的支票交給得標的會員。所以將會款的支付方式約定在會單中也是常見的，只要約定的內容不違背公序良俗及法律的規定，任何合法的約定都是被允許的。

問題二十一

會單是不是要經過參加合會的所有人簽署？

實例

老張靠擔任合會會首作為理財方式已經有十幾年的經驗，以往老張召集合會時都是將會員的姓名、住址、電話號碼及標會方式訂立在會單上，由老張親自簽名蓋章後，影印分發給各個會員，但會員都沒有人在會單上簽名，十幾年來均相安無事。在民法修正條文施行後，老張這樣的作法是不是要有所調整？

解答

依照民法第七百零九條之三第二項的規定「會單，應由會首及全體會員簽名，記明年月日，由會首保存並製作繕本，簽名後交每一會員各執一份。」所以在民法債編修正條文施行後所成立的合會，不只要訂立書面的會單，該書面的會單更須經過會首及全體會員簽名。

就法律上的性質而言，合會是一種契約，而合會契約既然要訂立書面（會單），就應該由參與這個契約的會首及全體會員簽名，並且記明年月日，契約才成立。以前的合會很多都沒有會單，即使有簡單的會單，但大多只是由會首製作後影印給大家，並沒有經過任何會員的簽署動作，甚至連會首本身也沒有簽署。而因為沒有簽署的動作，所以到底會單上所記載的會員是否真有其人？會單上所列的人是否真的有意願參加合會？大家也搞不清楚，因此也產生很多糾紛。

尤其以往合會最容易產生的問題，就是會首上下其手，在合會中夾雜有人頭會員或幽靈會員。因為合會會員通常只認識會首，會員彼此之間並不見得熟稔，而會首如果將自己至親

好友的姓名夾雜在合會名單中作為人頭會員，即使會首並沒有經過這些人頭會員的同意，但這些人頭會員不見得會知悉，其他會員也不容易察覺，即使感覺有異也不容易查證。其結果就是會員名單中存在著人頭會員，但實際上這些人頭會員的會份則是由會首自己控制。一旦發生會首倒會的情形，會員如果轉向該人頭會員求償時，才發覺該人頭會員本身也不知情，不知情當然就不須要負責任，如此常常使得會員求償無門。

其實，如果會首敢將自己的某個至親好友作為人頭會員，就代表這個會首自己認為和這個人頭會員的交情夠，即使查出來當初真的沒有經過人頭會員的同意，但因為人頭會員都是會首的至親好友，通常也不至於為此就翻臉或者對簿公堂，因此這種糾紛常常無法處理。

而以往因為會員不需要在會單上有簽署的動作，即使會首未經他人同意，以他人作為人頭會員，但因為會首並沒有「未經人頭會員同意代為簽署的行為」，所以也不一定負有偽造文書的責任。

也因為不需要有簽署的動作，有些大膽一點的會首甚至不是以至親好友的姓名，而是捏造一個不存在的會員姓名，就是所謂的幽靈會員。在合會中有幽靈會員時，其對會員所造成的傷害有時候比有人頭會員時還要大。因為如果是人頭會員，至少是真有其人，如果這個人頭會員雖然事前沒有同意列名在會單上，但事後有同意的行動或意思，則其他會員在某些情形下還可以向人頭會員求償。但如果是幽靈會員，因為根本沒有這個人，其他會員根本無從

追償。

在民法債編修正條文施行後，因為會單須經過會首及全體會員簽署，如果會首有任何未經他人同意，擅將他人姓名列於合會會單中的行為，因為會首還要代為簽署，此時會首未經他人同意代為簽署會單的行為，立刻就觸犯偽造文書的刑事責任。如此應該可以減少未經同意，擅自將他人姓名列為會員的情事發生，也應該可以減少人頭會員及幽靈會員的情形。

問題二十二

將自己的姓名借給會首或借給其他會員列名於合會之中，一旦借用自己姓名的人倒會逃逸，自己要不要負合會上的責任？

實　例

老周借用老李的姓名參加合會，老李並在會單上簽署，但實際上老李的會份都是老周在使用，參與競標的也是老周，標得的會款也是老周取走花用。如果老周倒會逃逸，拒絕再繳交死會會款，老李要不要代繳？

解　答

以往因為會單不須經過會首及全體會員簽署，所以經常有會首或會員，未經他人同意，擅將他人姓名列於合會中的行為。而一旦發生倒會的情形，如果其他會員向該被借用姓名的人頭會員求償時，才發覺該被借用姓名的人本身也不知情，因為不知情，當然就不須要負責任，如此常常使得會首或其他會員求償無門。

在民法債編修正條文施行後，因為會單必須經過會首及全體會員簽署，如果會首有未經他人同意，擅將他人姓名列於合會中的行為，因為必須在會單上簽署，所以會有未經他人同意代為簽署會單的行為，立刻就觸犯偽造文書的刑事責任。所以在民法債編修正條文施行後，如果要借用他人名義列名於合會中，一定要經過該被借用姓名的人同意並簽署於會單之上。

在本題的實例中，被借用姓名的人老李既然簽署於會單之上，則即使他的會份是借老周使用，但因為老李本身確實有簽署在會單上，則法律上老李已經參加合會，老李本身才是合會的參與者，老周反而沒有參加合會。在法律的意義上，是老李將他標到的合會會款借給老周，所以負擔合會上責任的是老李。一旦借用老李會份的老周倒會逃逸，老李自己還是要負責歸還老周未繳交之會款。至於老李如何向老周追償，是老李和老周之間的事，老李不能以他未取得會款作為抗辯。

問題二十三

會單上所記載的起會年月日，和會員簽署時實際的日期不同時，如何處理？

實例

老張在八十九年九月十日起了一個合會，老張當天就書立會單並記載起會日期為八十九年九月十日，該合會共有三十個會員。當天老張就將會單交給會員老周和老王簽署，可是到了九月十六日才交給老陳簽署，老陳到底要簽哪一個日期？會單是在哪一天生效？

解答

在一般的契約中，除了某些特殊的情形，例如租賃契約的續約，為了使續約上記載的日期和原契約相連續，常常會有預填日期或者倒填日期的情形，否則大部分的契約，在契約書面上所記載的簽約日期也就是契約當事人真正簽署文件的日期。這是因為一般契約通常只有雙方的當事人，即使契約雙方各有數人，但參與的人數總不至於太多，所以能夠聚集簽約當事人在一個場所簽署，在哪一天簽署，就寫哪一天的日期，以真實呈現簽約的日期並避免爭議。

合會契約的情形比較不一樣，合會的參與者可能多達幾十個人，所以通常沒有辦法在同一天內簽名，而會單上所謂起會年月日是指會首書立會單準備召集合會的日期。但是，參與的會員不一定是在當天簽署，很可能是在往後的日期簽名。如果為了確實起見，會員簽署時可以在簽署的名字旁邊記載真正簽署的日期。而如果在簽署時沒有特別記載日期，則除非有其他的證據可以顯示真正的簽署日期，否則將來對於簽署的日期發生爭議時，將會被認定是在起會的日期（會首起會簽署的日期）簽署。

而因為各個會員簽署的日期不一樣，理論上，必須要所有會員都簽署在會單上，這個合會會單才對所有的會員產生效力，所以起會日期是會首起會簽署的日期，但在最後一個列名的會員簽署後會單才產生效力。

在實務上，假如會單上記載的日期和某個會員真正簽名的日期不一樣的時候，有時候會產生法律權益上的爭議，致使會員間的權益產生不一致的現象。例如本問題實例中的老張於八十九年九月十日召集合會，並於會單上記載起會日期為八十九年九月十日，老張並在當天簽名於會單上，會員老周和老王在八十九年九月十日就簽署，可是到了九月十六日才交給老陳簽署，在時效的權益上，三個人就有不同。

假設發生會首老張在起會時有詐欺的情事：(1)在民事上：依照民法第九十二條及第九十三條之規定，如果要以詐欺為原因撤銷這個合會契約，必須是在起會後一年或者發現詐欺後

一年內撤銷。另外，如果老張的詐欺行為構成侵權行為，依照民法第一百九十七條，侵權行為必須在知道有損害情事時起二年內請求。因為老周和老王及老陳的簽署日期不同，時效的起算日三者不同，因此其在時效的權益上三個人也會不同。(2)在刑事上：假如老張的詐欺行為構成刑事責任，依照刑法第八十條，對於老張刑事詐欺的追訴權時效是十年，因為會員簽署日期的不同，追訴權時效的起算日也會有不同，三個人追訴權時效的權益也會不同。

不只簽署日不同，因為會員通常很多，各個會員繳付第一期會款的日期也會有所不同，如果因為繳交會款發生詐欺的情事，也會因為繳款日的不同而產生時效上權益的不同。

當書面上的記載和實際行為的日期不一樣時，在訴訟上為了保障權益，必須要提出證據讓法官相信真正簽名的日期和會單上所記載的日期並不一致，而為了避免日後產生糾紛，應該保存適當證據。例如，要記得簽署的時候，有誰在場，或者繳付會款的時候是用匯款的方式而不是用現金交付，或者在交付現金的情形，能夠在收據上明確記載交付日期，這樣才能避免實際行為和書面顯示的日期不一致所產生的誤會。而最根本的方法，就是在簽署的時候，在姓名旁邊記載真正的日期。

問題二十四

會單正本共有幾份？會員要不要拿到會單正本？

實例

老李參加老張擔任會首的合會，老李發覺老張只有準備一份會單正本讓大家簽署，而且老李在剛開始就簽署了，老李簽署時，會單上只有少數幾個人簽署，後來老張拿給老李的會單是影本，不過上面卻已經有很多人簽署。雖然影本上有老張的簽名蓋章，但老李還是很懷疑到底要不要拿到合會會單的正本？

解答

會單正本通常只有一份，依民法第七百零九條之三之規定會單由會首及全體會員簽名之後，正本由會首保存，但會首必須製作繕本交給全體會員。

一般的契約，看到底簽約的當事人有幾個人，通常就有幾份正本，例如假如有四個當事人參與簽約，在契約的最後面通常會記載「本契約壹式肆份，均為正本，由簽約當事人各執壹份為憑」，這就表示這一份契約有四份正本，而四份正本都是由簽約的當事人共同簽署，所以這四個人簽約時會在四份契約正本上簽署，四個人所拿到的也都是正本。

但是合會比較不一樣，因為合會的會員通常都是幾十個人以上，假如要製作好幾十份正本，則每個會員都要簽署幾十份會單，會對會員們造成不便。因此，民法第七百零九條之三

第二項規定，會單只製作一份正本，這一份正本必須交由會首及全體會員簽署。所有人簽署完之後，這一份正本保存在會首之處。不過，會首必須要製作繕本，並且由會首在繕本上簽署後交給每一個會員一個人一份繕本。通常的作法就是由會首將大家簽署過的正本依照會員人數影印，有二十個會員就影印二十份，會首並在影本上簽署，而後交給每一個會員一份影本。所以在本題的實例中，只要老張在所有會員簽署完之後，將該正本影印，並交給每一位會員一份由會首老張簽名蓋章的影本，就是正確的作法。

而將來一旦發生訴訟時，因為每一個會員所持有的那一份會單影本都是經過會首簽署的影本，法院在效力的認定上，會將之視為與正本有相同效力的文件，因此會員並不需要取得會單正本，只要有會首簽名蓋章的影本，就有效力了。在實務上，如果會首在影本上簽署時加註「本會單影本與正本相符」，會更加去除會員的疑慮。

問題二十五

得標金額應不應該記載在會單之上？

實　例

老王參加老張擔任會首的合會，老王和其他會員不熟識，也很少參加標會，每次都是由老張口頭告知得會的會員及得標金額，老王心中總是有疑惑。到底會單上要不要記載得標金額？

解答

依照民法第七百零九條之三之規定，合會會單有七個應該記載的事項分別是：⑴會首之姓名、住址及電話號碼。⑵全體會員之姓名、住址及電話號碼。⑶每一會份會款之種類及基本數額。⑷起會日期。⑸標會期日。⑹標會方法。⑺出標金額有約定其最高額或最低額之限制者，其約定。其中並沒有得標金額及得標會員的事項記載。而事實上，要在會單上記載得標金額及得標會員也有其困難，因為會單是在會首起會的時候就已經書立並經過會首及會員全體簽名，當時根本都還沒有標會，也不可能知道每一個會期的得標金額及得標會員，所以在會單上應該不可能記載得標金額及得標會員。一般合會都是由會首在開標之後去收取會款的時候口頭告知會員得標金額及得標會員，大部分都不是以書面的方式告知。

不過也因為一般合會都是由會首「口頭告知」得標金額及得標會員，因此會產生弊端。例如本問題中老王如果只認識會首老張，和其他會員並不熟，因為會員都是老張找的，老張當然知道老王只認識會首，和其他會員並不熟。如果老王長期不出席也不參與競標，則誰是得標會員，得標的金額是多少，老王只有靠老張的告知，否則根本無法知道。如果老張心存

詐騙，向老王告知虛假的得標金額及得標會員，老王就會受騙而不自知。

通常會首以告知虛假的得標會員及得標金額詐欺，其方式為：

1.告知虛假的得標會員：例如在本例當中，老張知道老王只認識自己，和其他會員並不熟，而老王又長期不出席也不參與競標，老張向老王說是另一位會員老陳得標，但向其他會員則說是老王得標。其他會員和老王不熟也無從查證，大家便會以為是老王得標，因此都按時繳交會款，而老王和其他會員不熟，也無從查證，所以老王也按時繳交會款，結果所有的會款是老張拿走。

2.告知虛假的得標金額：例如本例中的合會金額是三萬元，假如是內標式的合會，某一個會期是由老丁以四千元得標，結果老張向老王說是由老丁以三千元得標，結果老王本來只需繳二萬六千元，結果卻繳了二萬七千元，而因為最後老丁繳回來的都是三萬元，老張所中飽的一千元根本無從發覺。在外標制的合會，例如某一個會期是由老丁以四千元得標，結果老張向老王說是由老丁以三千元得標，結果老王本來往後可以向老丁拿三萬四千元的死會錢，卻只能拿到三萬三千元，老張所中飽的一千元也是很難發覺。

在實務的運作上，法院在開庭調查時，有些會首甚至矢口否認有告知虛假的得標金額及得標會員的情形，而因為很多合會都是以現金繳納會款，也沒有立收據，實際上繳了多少錢，拿了多少錢，很難證明，要證明會首有告知虛假的得標金額及得標會員，更是難上加難。所

以建議在合會中建立制度，會首必須要以書面通知會員得標金額及得標會員，如此只要會首有製作虛假的得標金額或得標會員，會員間一問，馬上就現形了，而一旦發生糾紛，在訴訟上也可以很省事，只要將會首的書面通知和得標的會員一比對，馬上可以證明會首是不是有詐騙的情事。所以在會單上並不需要記載得標金額及得標會員，但口頭告知改為書面通知就有保障了。

會單的基本格式範例

互助會名單

一、本互助會每一會份之基本會款為新臺幣三萬元整。

二、本會會首加會員共十一位，起會日期為民國九十年九月二十日。

三、標會時間：除第一期由會首得會之外，第二期自九十年九月份起，每個月的二十五日下午二時開標，至九十一年六月二十五日止。

四、標會地點：臺北市中山北路二段〇〇號會首某甲自宅。

五、本合會採內標式：出標金額最低新臺幣二千元。

六、標會限制：投標金額之尾數必須以百元為加減單位，不得有百元以下之零數增減。會員有二會份以上者，不得連續得標，須隔三標才可再標（但最後三標不在此限）。

七、每次開標隔日以現金付清，若開立支票以當日票期為限。

八、如果沒有人出標時，以抽籤決定得標者，並以二千元為得標金額。

會首：某甲　地址：臺北市中山北路二段〇〇號　電話：××××××××

編號	姓名	地址	電話	簽署處
會首	胡〇〇	×××××××××××	××××××××	
01	陳〇〇	×××××××××××	××××××××	
02	林〇〇	×××××××××××	××××××××	
03	劉〇〇	×××××××××××	××××××××	
04	王〇〇	×××××××××××	××××××××	
05	謝〇〇	×××××××××××	××××××××	
06	曹〇〇	×××××××××××	××××××××	
07	簡〇〇	×××××××××××	××××××××	
08	黃〇〇	×××××××××××	××××××××	
09	吳〇〇	×××××××××××	××××××××	
10	吳〇〇	×××××××××××	××××××××	

問題二十六

合會中的出標金額在法律上是什麼性質？有沒有上限或下限？如果出標金額太低或者太高，會不會違法？

實例

老張擔任會首邀集了一個合會，基本會款新臺幣一萬元，總共二十個會份，一般得標的出標金額多在一千元到二千元之間，但是有一個會員老李在第十個標會期日中出標金額居然是六千元，老張覺得有點疑惑？

解答

我國民法修正條文中所採用的合會制度，是以「標會」方式的合會制度作為制定法律的基礎，至於傳統合會中其他方式如「搖會」、「搖干會」、「兄弟會」、「父女會」等，並不為民法所採取。因此，民法中所謂的合會其實就是「標會」方式的合會。

標會方式的合會決定哪一個會員得會，是以出標金額最高者作為該期得會會員，無論是外標式或者內標式的合會，都是一樣。

在內標式的合會，未得標會員給付給得標會員的金額，是該合會的基本金額扣除得標金額後的餘數。例如，新臺幣三萬元的會，得標金額是新臺幣四千元的話，則每一位未得標會員（活會會員）應該給付給得標會員的金額為新臺幣二萬六千元，但得標會員（死會會員）以後按期返還會款的時候，其返還的金額則是該合會的基本金額，也就是新臺幣三萬元整。而在外標式的合會，假如該合會的基本金額是新臺幣三萬元，而得標金額是新臺幣四千元的話，則未得標會員給付得標會員的金額是新臺幣三萬元。但是得標會員以後每期返還會款的時候，是要加上得標金額，也就是返還新臺幣三萬四千元。

從這樣的會款給付方式可以知道，無論是內標式或者外標式的方式，因為死會會員返還會款時，都會附加得標金額返還，因此該得標金額在法律的性質上仍然被認定是「利息」的性質。依照民法第二百零五條之規定，「約定利率，超過週年百分之二十者，債權人對於超過部分之利息，無請求權」。民法第二百零六條則規定「債權人除前條限定之利息外，不得以折扣或其他方法，巧取利益。」合會的得標金額既然是利息的性質，也應該受民法第二百零五條的限制，不能超過週年百分之二十。

在內標式的合會，因為是預扣利息（出標金額）而為給付，因此是否會觸犯民法第二百零六條規定的限制，也成問題。以現在法院實務上的見解，認為內標式合會預扣利息後給付會款的方式是合會性質使然，並非民法第二百零六條所謂之巧取利益。例如最高法院四十七

年臺上字第一八〇八號判例：「被上訴人合會儲蓄股份有限公司所組織之合會，係以投標方式由各參加會員投標，以標面最低金額為得標，其投標金額與給付金額之差額，則平均分配於未受給付之會員，此為參加合會會員間契約所約定，並報經臺灣省財政廳予以核准，自與民法第二百零六條所謂巧取利益之情節不同，該契約仍應認為有效成立。」又如最高法院四十九年臺上字第一三六一號判決：「合會會員於得標時，因須行扣除使用他人款項之代價，自難期望每份均足額，此項短少既係基於約定或習慣，而與公序良俗無背，出標人自應照約分期履行，不得指為巧取利益。」

至於是否會違背民法第二百零五條的限制，依照民法第七百零九條之三第一項的規定，合會契約訂定時，可以約定出標金額的最高額或最低額。假如有約定出標金額的最高額限制，而且依照該約定出標金額最高額限制所計算出來的利息又低於法定最高利息之下，比較沒有問題。但假如沒有約定出標金額最高額限制，或者依照該約定的出標金額最高額限制所計算出來的利息高於法定最高利息，則合會中出標金額所構成的利息給付還是要受到民法第二百零五條的限制。

但話說回頭，在社會實務的合會運作上，這個問題並不嚴重。因為合會是一種兼具儲蓄的互助性組織，就會首而言，合會大多是因為會首急需金錢的情況所以才召集合會，而因為會首不需要負擔利息，所以對會首而言，沒有利息的問題。至於其他會員，縱使是在非常急

迫的情況下參與競標而將出標金額提高，但是會員在競逐得標時，也一定會參考當時一般貨幣市場上利息的水準，再考量自己對合會金需求的殷切程度，定出最合理的出標金額來競標。所以即使競標者很多，出標金額也會因而提高，但是也絕對不會比當時貨幣市場上的利息水準高出太多。

所以合會的得標金額有一個很奧妙的現象，就是那些希望藉著參加合會達到儲蓄功能的未得標會員，雖然一方面希望得標金額可以提高而能夠獲得較高的利息收入，但是出標金額太高也會擔心，因為金額太高是一個反常的現象，反而顯示該得標會員經濟狀況的不安定或者是一個惡意倒會的前兆。

問題二十七

合會的得標金額和一般借貸的利息水準相比，到底會比較高或比較低？

實例

老周聽到親朋好友參加合會經常遇到倒會的情況，所以對於合會一直很排斥，可是他又聽朋友說參加合會可以獲得比較高的利息，是不錯的理財方式，到底實情如何？

解答

在一般合會的運作中，會員所能賺取到的利息和當時社會一般非高利貸的民間借款的利息都大致相符合，而維持一個平衡。因此在合會中，出現超高利息的情形並不常見。基本上，合會標會的基本方式是由會員競相出標，以出標金額最高者為當期合會得會者。既然是要以競標的方式決定得標者，則最重要的是各個會員出標的金額在開標之前能夠保持秘密的狀態，如此才能使會員因為不知道其他會員出標的金額，為了得標而競出高金額的標價。

通常，如果是以儲蓄的目的參與合會的話，因為他的目的不在得標，所以他不會去競標，而他當然希望得標金額很高，如此才能賺到多一點的利息。但是從需用錢的會員角度而言，當然會希望沒有人競標，他就可以以較低的金額得標而可以負擔較少的利息。

不過，會員在競逐得標時，一定會參考當時一般貨幣市場上利息的水準，再考量自己對合會金需求的殷切程度，定出最合理的出標金額來競標。所以即使競標者很多，出標金額也會因而提高，但是也大概不會比當時貨幣市場上的利息水準高出太多。經由這種自然競爭的方式，才能使未得標會員獲得最好的利息（最高的得標金額），而競標者所付出的利息也是在當時貨幣市場上借貸所應該付出的利息。

如果有人出的競標金額高出貨幣市場上利息水準很多的話，反而其他會員要注意這一位

以高金額競標者的動機，以及是否有倒會的可能性。因為如果他要負擔這麼高的利息，他大可以以民間借貸的方式向其他人借錢就好，不需要用標會的方式。而反過來，如果這麼高的利息他都還借不到錢，則他的信用一定很差，財務狀況也不可能好，倒會的可能性自然增高。

一般而言，從儲蓄的觀點而言，參與合會如果沒有倒會的情況發生，則在合會完滿結束之後，可以賺到比把錢放在銀行定存還要高的利息。而從需要用錢的會員而言，在正常的競標狀態下，得標者所須負擔的利息也會比民間借貸的利息要低一點。這是一個自然的平衡，也是合會吸引那麼多人參加的原因。

第三章 合會的運作

問題二十八

合會的會員能不能將會份轉讓給第三者？

實　例

老王參加老張擔任會首的合會，合會期間是三年才結束，不過參加了一年多的時候，老王因為想移民美國，沒有辦法再參加這個合會，老王能不能自行將所參加的合會會份轉給他的朋友老周？

解　答

關於合會的會員能不能將他的會份私自轉讓給第三者，牽涉到合會的性質到底是存在於會首與會員間的「單線關係」，或者是存在於會員與會員之間的「團體關係」。以前，我國實務上認為合會的法律性質是單線的法律關係，所以認為合會關係只存在於會員與會首之間，例如最高法院於四十九年臺上字第一六三五號判例認為：「臺灣合會性質乃會員與會首間締結之契約，會員相互間除有特約外，不發生債權債務關係。」

因為最高法院對於合會的關係認為是單線的關係，所以就合會會份之轉讓問題，最高法

院認為僅需要得到會首之同意，而不需得到其他會員之同意，例如最高法院六十九年臺上字第二〇四五號判決「民間合會，係會首與會員間之債權債務契約，會員除向會首領取得標金外，在得標前須按期繳納活會之款，得標後須按期繳納死會之款。會員將其會份讓與第三人，如為活會轉讓，則係債權、債務之轉讓，非單純之債權轉讓，如係死會轉讓，則係純債務之移轉，故無論為活會、死會之轉讓，均非得會首之同意，不得為之。」又如最高法院六十七年臺上字第三〇〇八號判例認為：「一般民間合會，係會首與會員間之債權、債務契約。會員除向會首領取得標金外，在得標前須按期繳納活會會款，得標後須按期繳納死會會款。會員將其會份讓與第三人，如為活會轉讓，則係債權、債務之移轉，並非單純之債權讓與。如係死會轉讓，則純係債務之承擔。故無論為活會、死會之轉讓，均非得會首之同意，不生效力。」由這些判決、判例都可以看出最高法院一貫的見解認為合會契約係單線關係之契約。

不過，民法債編修正條文實行後，情形將有所改觀，依照民法第七百零九條之八之規定「會首非經會員全體之同意，不得將其權利及義務移轉於他人。會員非經會首及會員全體之同意，不得退會，亦不得將自己之會份轉讓於他人。」也就是任何的會員，如果沒有經過會首及其他全體會員的同意，不能夠將自己的會份移轉給他人。

因為民法債編修正條文更改最高法院長久以來有關於合會性質的法律見解，認為合會契約是團體性的關係，使會員與會員之間發生契約關係，所以法律中對於合會關係的性質已經

有明文規定，以前最高法院的判例中認為只要得到會首的同意，合會會員就可以將會份移轉給他人，這樣的見解，在民法修正條文施行後，已經不再援用。

話說回頭，雖然說會員非經會首及會員全體之同意，不得將自己之會份轉讓於他人。但是如果有會員要將會份轉給第三者，其他會員也不見得就一定要強留會員在這個會裡，而是要看情形決定要不要答應其將會份移轉給他人。

就活會會員的轉讓而言，因為活會會員已經繳了一些活會會款，等於有死會會員欠他錢，讓他離開合會並無損失，既然他要將會份轉讓給其他人，代表他已經沒有意願或沒有能力再繼續留在這個合會裡，其他會員實在沒有強留他的必要。不過也要考慮出讓會份的人和受讓會份的人二者在經濟能力及財務上的支付能力是不是差很多，如果受讓會份的人經濟狀況比起原來那位將會份轉讓出去的會員好，大家可以考慮欣然接受，但是如果受讓會份的人經濟狀況比起原來那位將會份轉讓出去的會員差很多，甚至財務上已經出了問題，就不要答應。

上面所述的是活會會員的狀況，但是假如是死會的會員要轉讓會份的話，情形就不一樣。因為活會會員除了有給付會款的義務之外，因為還是活會，有朝一日還可以競標取得會款，所以活會會員的會份是權利與義務二者兼而有之。但是死會會員已經標得合會金了，剩下來的只有按期給付死會會款的義務，而沒有任何的權利，因此，所謂死會的會員要將會份轉讓給第三者，實際上是將他給付會款的義務由其他人承接。這時候大家就要特別注意，如果受

讓會份的人經濟狀況比起原來那位將會份轉讓出去的死會會員好很多，大家還可以考慮接受，如果受讓會份的人經濟狀況比起原來那位將會份轉讓出去的死會會員還要更差，則大家應不予同意會份的轉讓。

尤其要特別小心的是，實際上死會會員只剩下繳納死會會款的義務，已經沒有辦法享受得會或獲取利息的利益，因此第三者假如要承接死會的會份，則到底是什麼原因讓他會去承接一個只有義務而無利益的會份，更是大家要思索的。

在以前的實務見解中，最高法院對於會份的轉讓也認為死會會員及活會會員在性質上有所不同，例如前述最高法院六十七年臺上字第三〇〇八號判例認為：「一般民間合會，係會首與會員間之債權、債務契約。會員除向會首領取得標金外，在得標前須按期繳納活會會款，得標後須按期繳納死會會款。會員將其會份讓與第三人，如為活會轉讓，則係債權、債務之移轉，並非單純之債權讓與。如係死會轉讓，則純係債務之承擔。」又如最高法院七十二年臺上字第二〇二四號判決「民間合會係會首與會員間所訂立之契約，會員應於定期開標之期日，按開標之金額計算，繳納會款與會首，如標得合會，則得請求會首給付他會員繳納之會款及過去得標會員所繳之標金（即所謂會息）。以後則於開標之期日按期繳還會款及加付標金與會首。是合會契約係以會員之循環給付為標的之繼續契約。如果未得標會員將其會份讓與第三人，則屬契約之承擔，由承受契約之該第三人繼續履行債務及行使債權」。

問題二十九

會員能不能中途退會？

實例

老李參加老張擔任會首的合會，除了老張之外，共有會員三十人，合會期間是二年半才結束，不過進行了六個會期之後，老李因為生意失敗，無力再繳交會款，也找不到其他人頂替他的會份，想要退會，問老李要如何做？

解答

退會的情形和會份的轉讓不大一樣，會份的轉讓只是讓與者將自己原有的會份轉讓給另外一個人，這個合會中的會份數量沒有改變，因此合會的期間也和原來一樣。但是退會的情形就不同，某個會員退會之後，該個會份就不見了，不只會份的數目會改變，合會的期間也會產生變化。

例如本問題實例的合會中，除了會首之外還有三十個會期，在每一個月一個開標期的情況下，這個合會將會延續三十個月，也就是二年半，如果老李退會的話，會員的會份數會成

為只有二十九個，而少了一個會份之後，合會的期間也會變成只有二十九個月，這樣會對這個合會的運作產生很大的影響。

如果老李是活會會員，則合會進行了六個月，也就是代表他已經繳交了六期的會款，如果老李沒有退會的話，則他以前所繳交的合會會款會在他得會的那一個會期，由死會會員繳交給他。但是現在老李如果退會，到底是現在就要繳交給他，還是等到整個會期結束再繳給老李，或者要用什麼樣的方式給，就馬上發生問題。

另一方面，如果老李是死會會員，那他只有按會期繳交死會會款的義務而已經沒有什麼權益，此時老李若要退會，則到底他所取得之合會金是要如何繳交，也馬上發生問題。假如他還是按原來的順序按月繳交死會會款，那就和他沒有退會的情形是一樣的，他根本就不須要退會，之所以選擇要退會，一定是依照原定的繳款期日繳交死會會款有困難或有其他情況無法按月繳交死會會款。但是如果不是依照原來的會期繳交會款，則到底要一次繳？馬上繳？或者分期繳？或者完會後再繳？都成為問題。

而且，合會的運作方式就是得會會員所取得的合會金不需要一次清償，而是按月清償，所以死會會員還款（按月繳交死會會款）的壓力很輕。而就已經得標的死會會員而言，他們所預期的還款期限是原來的合會期間，以本問題的實例而言，是在第一次標會後的第三十個月才需要繳交最後一期會款，如果有人退會，會份減少，會期也隨之縮短。例如老李退會，會員的會份數會成為只有二十九個，而少了一個會份之後，合會的期間也會變成只有二十九個月，因此所有的會員將可能在第一次標會後的第二十九個月就必須付最後一期會款，如此會使得死會會員清償會款的時間利益縮短，也會影響死會會員的權益。

也因為會員退會比起會份轉讓，對於合會的運作影響更大，所以民法第七百零九條之八才規定「會員非經會首及會員全體之同意，不得退會」。一般而言，因為會員退會之後，相關的後續處理要比單純的會份轉讓複雜許多，所以除非有特殊的情況，否則一般的合會比較不會容許會員退會的情況發生。即使真的有會員因為特殊原因無法再繼續參與合會，通常也會由會首找其他人頂下會份或者由其他的會員頂下會份，不會讓退會的情況發生，以免合會的運作發生困難。

問題三十

合會的會首有哪些權利義務？

解答

權利方面：會首最大的權利就是可以無息使用所有會員繳交的第一期會款。依照民法第七百零九條之五之規定「首期合會金不經投標，由會首取得。」這也就是民間俗稱的「會首

錢」。

一般而言，合會會首之所以要召集合會，通常是因為會首需要一筆資金，但告貸無門，或者無力負擔利息，所以才起一個會擔任會首。會首可以先使用這一筆錢，然後再依各個會期，分次無息返還會款給得標者。因為會首可以無息使用所有會員繳交的第一期會款，等於是參加合會的會員幫會首度過經濟難關。而合會運作之方式，首期合會並不經過投標，由所有參加合會的會員先繳交第一期的會款給會首，而每個會員所繳交給會首無息使用的只是區區的一期會款，數目不大，但積少成多，累積數十個會員的錢，也就成了相當大的數目了。這就是會首在合會中所享受到的權利，也可以說是唯一的權利。

義務方面：會首一方面可以無息享用會首錢，但在此同時，法律也課會首相當多的義務，這些都是會首無息享用會首錢的對價。

1.依照民法第七百零九條之四之規定「標會由會首主持，依約定之期日及方法為之。其場所由會首決定並應先期通知會員。會首因故不能主持標會時，由會首指定或到場會員推選之會員主持之。」所以會首有通知合會開標及主持合會開標的義務。

2.依照民法第七百零九條之七之規定「會員應於每期標會後三日內交付會款。會首應於前項期限內，代得標會員收取會款，連同自己之會款，於期滿之翌日前交付得標會員。逾期未收取之會款，會首應代為給付。會首依前項規定收取會款，在未交付得標會員前，對其喪

失、毀損，應負責任。但因可歸責於得標會員之事由致喪失、毀損者，不在此限。會首依第二項規定代為給付後，得請求未給付之會員附加利息償還之。」會首在有會員（無論是活會會員或者是死會會員）逾期未繳交他所應該繳付的會款時，會首有義務代替該逾期未繳交會款的會員繳交會款給該期得會的會員。

3. 依照民法第七百零九條之九之規定「因會首破產、逃匿或有其他事由致合會不能繼續進行時，會首及已得標會員應給付之各期會款，應於每屆標會期日平均交付於未得標之會員。但另有約定者，依其約定。會首就已得標會員依前項規定應給付之各期會款，負連帶責任。」在合會因會首破產、逃匿或有其他事由致合會不能繼續進行，死會會員又未能按時繳交會款的情形，會首必須負連帶責任。按會首及已得標之會員應該按會期給付各期之會款，既然合會沒有辦法繼續進行時，則未得標會員當然不必再給付會款，但沒有倒會時，會首及得標會員每會期還是有應給付（返還）之會款，即使合會沒有辦法繼續，會首及已得標之死會會員應給付（返還）之會款還是要按期給付。依公平原則，該會首及已得標會員應按期給付（返還）之會款，自然應由未得標會員平均分配。而依照民法第七百零九條之七之規定，如果死會會員逾期未繳交他所應該繳付的死會會款時，會首本來就有義務代替他先繳交會款。合會正常運作時，會首都已經有這樣的義務，則在合會沒有辦法繼續進行時，會首當然也必須和逾期未繳交死會會款的死會會員連帶負給付會款的義務。

因此在合會中，會首實在背負著相當大的責任與義務。

問題三十一

合會的會首可不可以任意將他在合會契約中的權利義務轉讓給其他人？

實　例

老張擔任會首的合會本來的期間是二年半，但是過了一年之後，老張因為家中突遭變故，無心再主持合會的事宜，想要將他在合會契約中的權利義務轉讓給其他人，由另外的人擔任會首，可不可行？

解　答

合會係由會首出面邀集而來，通常是因為會首與會員之間有交情或有相當的認識，因而會員才會參加合會，至於會員與會員之間就不一定認識。而既然合會的會員都是信賴他和會首之間的關係而參加合會，如果會首要離開這個合會，則這個合會契約中最原始的信賴與交情的聯繫將因而斷絕，這樣的情形影響合會運作甚為鉅大，因此民法第七百零九條之八第一項規定「會首非經會員全體之同意，不得將其權利及義務移轉於他人。」

事實上，合會會首的義務不只大於其他會員甚多，而且其義務延續的時間也比其他會員要長得多。一般的會員，活會會員除了按期給付會款的義務之外別無其他義務，而且因為還是活會，有朝一日還可以標得會款，因此活會會員是義務與權利兼而有之。而即使是死會會員，也是只有按期給付死會會款的義務，而沒有任何其他的義務。所以合會會員的權利義務極為單純。

但是合會的會首在合會中的權利義務就甚為複雜，其不只要將所取得的「會首錢」依照各個會期返還會款給得標者，而且依照民法第七百零九條之四之規定通知會員開標及主持開標，更重要的，依照第七百零九條之七以及第七百零九條之九之規定，會員有未繳交會款的情形，會首必須代其先行繳交或者負連帶責任。會首這些義務一直要持續到整個合會會期結束，只要中間有任何一期出差錯，會首都要負責。因此在合會中，會首實在背負著相當大的責任與義務，所以法律才規定除非經過全體會員之同意，否則會首不得將其在合會中的權利義務移轉他人。

也因為會首有這麼多的義務，在合會中又扮演舉足輕重的角色，所以除非萬不得已，否則會首實在不能輕言要將其在合會中的權利義務移轉他人。但是如果會首實在沒有辦法繼續主持這個合會了，會員可以有兩種選擇，第一種選擇就是讓合會終止，經由全體會員的同意，不再繼續合會，至於已經得標的會員，其會款可以依照民法第七百零九條之九之規定，由會

首及已得標會員將其應給付之各期會款，於每屆標會期日時平均交付於未得標之會員。

第二種選擇就是當大多數的會員覺得這個合會有繼續下去的必要，而且會首又已經找好接替的會首人選，則這個時候，會員就應該考慮同意會首將他在合會中的權利義務移轉給新的會首。此時會員要考慮的是接替會首的人選有沒有能力及經驗主持這個合會？他的財力怎麼樣？他的信用度高不高？是不是跟大部分的會員都有相當程度的熟識？如果這些條件都符合，而新的接替人選又有接替的意願，就可以同意會首將他在合會中的權利義務移轉給新的會首。

所以如果會首實在沒有辦法繼續主持合會，會員可以有兩種選擇，第一種選擇就是經由大家的同意終止合會。但是如果大家覺得無法讓合會終止而一定要讓合會存續下去，則考慮了上述這些因素之後，可以選擇同意會首將他在合會中的權利義務轉讓給新的會首，讓合會繼續維持下去。

問題三十二

會首將其權利義務移轉給他人，或者會員將其會份移轉給他人，是不是要經過死會會員的同意？

實例

老張起了一個合會，由老張擔任會首，會期原訂三年，但是在進行了一年之後，老張跟活會會員老王要移民去加拿大，因此二人依照民法第七百零九條之八的規定請求全體會員同意退出這個合會，但這個時候除了死會會員老陳不同意外，其他會員都同意，問該如何處理？

解答

依照民法第七百零九條之八之規定「會首非經會員全體之同意，不得將其權利及義務移轉於他人。會員非經會首及會員全體之同意，不得退會，亦不得將自己之會份轉讓於他人。」所以無論是會首或會員，如果要退出合會，依法要取得全體會員之同意。

不過這一點在實務運作上會有一點困惑，如前所述，在會首要將其在合會上的權利義務移轉給其他人或者會員將其會份移轉給其他人，其他全體會員除了法律上層面的考慮之外，還有很多事實上的層面需要考慮。對於活會會員而言，因為他當初參加這個合會時，一定有考慮到會首和他的情誼以及其他會員的組成狀況，而活會會員在合會中有權利，也有義務，所以活會會員希望保持當初合會成立時會首及會員的組成狀態，這還有道理。

但是，就死會會員而言，因為死會會員已經享受了他的會份所能夠享受的權利（競標及

取得合會金的權利），死會會員（剩下來的，只有按每個會期繳付死會會款的義務，而已經沒有任何的權利了。對於這種只有義務而沒有權利的死會會員，是否會首要將其在合會上的權利義務移轉給其他人或者其他會員將其會份移轉給第三人，都要得到死會會員的同意，確實會產生疑問。

就會首而言，因為會首在合會中扮演比較重要的角色，一個合會是否能夠如期完會，沒有發生任何的差錯，會首的主導及貢獻相當重要，即使說死會會員只有繳付會款的義務，而沒有任何的權利，但是如果會首沒有善盡職責，便容易發生會款是否如期交付的糾紛。而且，即使死會會員有按時繳交會款，但是如果會款被會首侵吞，也會發生倒會的情況，這些情形也會使死會會員因而受到牽連。因此會首要將其在合會上的權利義務移轉給其他人時，賦予死會會員同意權還說得過去。

但對於活會會員要將會份移轉給第三者，也要經過死會會員的同意，確實是有點爭議。因為死會會員只有按期繳付會款的義務，只要會首能夠善盡職責，將死會會員所應繳交之會款交給得標的會員，實際上由哪一個活會會員得會對於死會會員已經不重要。所以民法修正條文嚴格規定活會會員會份的移轉也必須要經過包括死會會員在內的全體會員同意，確實會引起爭議，尤其在死會會員如果惡意不予同意的時候，將使得其他活會會員無法脫身，而有不公平之處。不過，既然民法規定如此，則依法還是要經過全體會員的同意，即使是死會會員不予同意，活會會員也不可以將其會份移轉給其他第三者。

問題三十三

在合會關係存續當中，如果會首死亡，其會首的權利義務是否當然移轉於繼承人？

實　例

老張擔任會首的合會，合會期間是三年，但是標了五期之後，老張因為車禍死亡。則老張在合會中的權利義務是否由他的繼承人繼承？

解　答

在合會進行中，假如會首死亡，其會首的權利義務是否由繼承人繼承，或者這個合會到底要不要繼續進行，都會產生疑問。但民法合會的章節並沒有相關的規定。

依照民法繼承的原理，繼承人應該繼承被繼承人的一切權利義務，如果貫徹民法繼承的原理，合會中的會首死亡時，其會首地位當然應該由其繼承人繼承之。不過合會會首在合會中的地位與角色不同於一般會員，所以是不是要絕對依照民法繼承的原理，讓會首的繼承人來繼承會首的權利義務，確實值得探討。

通常，合會的組成都是由會首向熟識的親戚朋友召集而組成，會首與會員之間大多認識，但是會員與會員就不見得熟稔，甚至不認識的也大有人在。而因為大部分參加合會的會員都是基於他和會首之間的情誼及信賴而參加，假如會首死亡的話，則會員原來參加合會的信賴關係及情誼已經不存在。因此，這個時候合會是否要繼續存續或者存續下去之後是不是會發生問題，誠有疑問。

依照以前民間的慣例，會首死亡後，會首的權利義務仍然由會首的繼承人繼續為之，這是考慮到合會所參與的會員眾多，有些已得標，有些則尚未得標，如果讓這個合會中途停會，如何處理活會會員間與死會會員間的問題？如何保證死會會員按時繳付會款？所繳付的會款如何分配？一大堆的問題接踵而至，所以就依一般繼承的原理，讓繼承人繼續會首的權利義務，直到這個合會會期結束。

民法修正條文中對合會進行中會首死亡時，會首的權利義務到底是不是由繼承人當然繼承並沒有規定，要不要因而停會也沒有規定。不過，既然合會是民法上契約的一種，而且在合會章節的條文中也沒有會首繼承人不能繼承合會上權利義務的規定，則依照民法繼承編的規定，繼承人當然應該繼承被繼承人所有的權利義務，則合會中會首死亡時，其會首的地位當然由其繼承人繼承之。

不過，如前所述，合會會首在合會中的地位與角色不同於一般會員，合會的組成是由會首向熟識的親戚朋友召集而組成，會員通常是基於和會首之間的情誼及信賴而參加合會，假如會首死亡的話，原來會員們參加合會的信賴關係及情誼已經不存在，而會首又有代得標會員收取會款及交付會款給得標會員的義務，在會員不繳納會款時則由會首負連帶責任，合會的開標也是由會首主持。假如會首死亡，繼承人沒有能力與經驗去承擔這些會首的繁重責任，則這個合會是不是在會首死亡後繼續進行，此時必須考慮會首的繼承人有沒有資力，有沒有能力，有沒有經驗，有沒有意願，有沒有獲得會員們的信賴，然後再決定合會要不要停止。

假如全體會員認為會首的繼承人並沒有能力與經驗延續這個合會而決定合會不再繼續進行的話，則可以類推適用民法第七百零九條之九第一項關於因會首破產、逃匿或有其他事由致合會不能繼續進行時之規定，處理這個合會的後續問題。

問題三十四

在合會關係存續當中，假如有會員死亡的時候，其權利義務是否移轉於繼承人？

實　例

老李參加老張擔任會首的合會，合會期間是二年，但是過了十期之後，老李因為登山發生意外而死亡。則老李在合會中的權利義務是否由他的繼承人繼承？

解答

關於合會進行中會員死亡時，其權利義務是不是當然由繼承人繼承，民法修正條文中的合會章節並沒有規定。不過，既然合會是民法上契約的一種，而且在合會章節的條文中也沒有繼承人不能繼承合會上權利義務的規定，則依照民法繼承的規定，死亡會員的繼承人應該繼承被繼承人（死亡會員）在合會中的權利義務。

相對於會首死亡時的情形，會員死亡的情形單純許多，因為會員只有參與標會、給付會款、領取合會金這些比較單純的權利義務，不像會首在合會中有較重的義務。在會首死亡時，其他會員對於會首的權利義務適不適宜由繼承人來繼承，要有多層的考慮，必須注意會首的繼承人有沒有資力，有沒有能力，有沒有經驗，有沒有意願，有沒有獲得會員們的信賴，然後決定要由繼承人來繼承會首的權利義務，或者乾脆停會。

但是在會員死亡的情形時，其他會員比較不需要去注意會員的繼承人那麼多的個人狀況，除非死亡會員的繼承人經濟狀況非常不好，讓他繼承會份會很容易產生倒會的情形，否則其他會員實在沒有不讓死亡會員的繼承人繼承會員會份的道理。

如果死亡的是活會會員，則繼承人必須承繼被繼承人的會份中的權利義務，他必須按時繳交活會會款並可以在想要得會時參與合會的競標。而如果死亡的是死會會員，則繼承人所承繼下來的會份已經沒有參與競標的權利，繼承人只有必須按時繳交死會會款的義務，實際上，死會會員的繼承人所承繼的就是該死會會員的債務。

問題三十五

得標之會員發生倒會的情況下，該合會是不是就不能繼續？

實　例

老張召集合會並擔任會首，假如有已得標的會員老周在得會之後捲款潛逃，不按期給付死會會款，問該合會是否會因此停會？

解　答

合會會員倒會時，合會不一定會因此停會，依照民法第七百零九條之七的規定，如果會員在每期標會後三日內未交付會款，就算逾期未給付會款，此時會首應代為給付。所以會員倒會的時候，只是會首的責任加重，必須要代該倒會的會員給付會款而已，還不會發生合會不能繼續的情形。

不過假如倒會的會員太多，或者某個占有很多會份的會員倒會時，可能會因為倒會的金額太大，會首沒有辦法承擔該代為給付的責任，則就會發生整個合會停會倒會的狀況。

問題三十六

假如會首倒會的話，該合會是不是就不能繼續？

解答

如上一題所分析的，通常合會不會因為某一個會員的倒會而停止，除非是很多的會員倒會，或者是某一個占有很多會份的會員倒會時，才會使合會沒有辦法繼續進行。

但是如果會首倒會或逃逸的話，這個合會就大概沒有辦法繼續了。因為合會會首在合會中的地位與角色極為重要，不同於一般會員。通常合會的組成是由會首向熟識的親戚朋友召集而組成，會員大多是基於他和會首之間的情誼及信賴而參加合會，假如會首倒會或逃逸的話，會員們參加合會的信賴關係及情誼已經不存在。而且會首有代得標會員向其他會員收取會款，且在會員不繳納會款時由會首代繳的責任。另外，合會的開標也是由會首主持。這種種會首的繁重責任，如果沒有人承擔，合會不可能繼續。

而且，在會首倒會或逃逸時，就代表合會會首所收取的會首錢也不會還了，這時候更不會有人來承擔這些返還會首錢的義務。而沒有會首，合會根本沒辦法運作，所以會首倒會或逃逸的話，合會大概就要結束了。

民法第七百零九條之九有規定因會首破產、逃匿或有其他事由致合會不能繼續進行時，這個合會應該如何處理，但是並沒有規定合會會員破產、逃匿時應如何處理，就是這個道理。而且如果是合會會員破產、逃匿時，其結果就是會首必須依照民法第七百零九條之七之規定，因為會員逾期未繳納之會款，會首應代為給付。

問題三十七

合會的開標應該由誰主持？

實例

老張起了一個合會，約定每個月的一日早上在老陳的雜貨店開標，在十月一日的會期當中，老張因為前一天晚上喝醉酒，中午才起來，結果誤了合會的開標時間，大家見老張遲遲沒有出現，就推由老陳主持，老丁主張會首沒有來不能開標，請問誰的主張有道理？

解答

依照民法第七百零九條之四之規定「標會由會首主持，依約定之期日及方法為之。其場

所由會首決定並應先期通知會員。會首因故不能主持標會時，由會首指定或到場會員推選之會員主持之。」所以原則上標會是由會首主持，因為依照民法的規定，會首不能夠在同一個合會中兼為會員，而會首本身已經收取會首錢，既然會首不可以再得標，因此開標的時候到底是由哪一位會員得標，對會首而言，比較沒有利害關係，會首因此而能夠以中立的立場秉公處理開標事宜。所以民法才規定由會首主持開標以求公平。

如果會首因故不能主持標會時，則依照民法第七百零九條之四之規定，由會首指定或到場會員推選之會員主持之。所以在本實例中，老張因為前一天晚上喝醉酒，結果誤了十月一日合會的開標時間，參與開標的會員推由老陳主持，依照民法第七百零九條之四之規定，老陳主持的開標是合法有效的。

比較成為問題的是，假如會首因故不能主持標會的時候，而他所指定來主持的人又不能得到大家的認同，應該如何處理，因為法律規定不明確，會有爭議。如果會首因故不能主持標會時，而會首也有指定會員主持，但到場會員卻另外推選會員主持，到底是何者優先，頗有疑問。因為民法第七百零九條之四之規定是用「或」，而沒有哪一個優先的規定，如果法律是規定為「會首因故不能主持標會時，由會首指定之會員主持之，如果未指定者，由到場會員推選之會員主持之。」就不會有適用上的問題。不過，即使是現行法這樣的規定，解釋上還是會首指定的會優先，除非會首沒有指定代為主持的人，才由會員推選之。

問題三十八

會首能不能指定非合會會員主持合會？

實例

老張起了一個合會，會期原訂三年，但是在進行一年之後，老張中風，老張就指定非合會會員的老王代理合會的開標事宜，合不合法？

解答

依照民法第七百零九條之四之規定「標會由會首主持，依約定之期日及方法為之。其場所由會首決定並應先期通知會員。會首因故不能主持標會時，由會首指定或到場會員推選之會員主持之。」所以依照法律的條文解釋，會首所指定之人或會員所推定主持合會之人必須也是會員。

不過在一般慣例上，常常有會首不能親自到場主持合會的時候，指定其配偶或者好友到場主持的情形。就法律條文嚴格解釋的話，指定非合會會員主持合會並不合法，但是如果到場的會員沒有意見，其他沒有到場的會員又已經繳交款項，並且對非會員主持開標又沒有異

議，則縱使會首所指定的人並非會員，則因為拘泥於條文的規定就讓該次開標無效，實在是本末倒置。合會既然是一種契約，依照契約自由的原則，任何契約的條文都能夠經過所有締約人的同意加以變更、終止、解除，因此，如果全體會員都沒有意見，即使會首指定非合會會員主持合會，該開標程序應該解釋為經過會員的同意變更，開標仍然有效。

但是假如有人對非會員主持開標這一點提出質疑的話，因為依照法律的條文解釋，會首所指定之人或會員所推定主持合會之人必須也是會員，所以非會員主持開標的這一次開標程序的合法性就會產生疑問，而引發爭議。

在實際的合會運作上，如果會首是因為偶然的因素不能到場主持標會時，這個時候由會首指定某位會員或由到場會員推選某位會員主持開標是一個可行的方式。但如果會首因為健康或者其他因素長期無法主持開標，則使用代理的方式不見得妥當，這個時候應該考慮終止合會，或者用更換會首的方式來因應會比較好。尤其如果是會首因為健康問題長期無法主持開標，則會首是不是體力上還可能負荷收取會款及交付會款的義務，也會有疑問，此時更是要考慮終止合會或者更換會首。

問題三十九

合會能不能提前結束？提前結束是不是要經過所有的人同意？

實例

老張起了一個合會，會期二年，過了五個月後，老張中風無法操持合會的事務，會員們見老張病重，大家也覺得合會沒有繼續的必要，問如何處理？

解答

合會是一種契約，依照契約自由的原則，任何契約的條文都能夠經過所有締約人的同意加以變更、終止、解除，所以當然能夠經由會員全體的同意提早結束合會。不過，因為當初簽訂會單的時候，是由會首及全體會員共同簽名而成立合會的，所以合會要結束時，也必須經過所有參與合會會員及會首共同的同意才能提早結束合會，假如某部分會員不願意提前結束合會，則其他人也不能擅自就結束合會。

在民間習慣上，存有會首想要結束合會，合會就結束的慣例，這種慣例從民法契約約束力的角度來看，並不合法。因為契約既然是由大家共同簽訂，除非所有參與人決定提前結束，否則不能由會首單方面宣佈提前結束合會。而且會首可以在不必付利息的情況下取得首期的合會金（會首錢），所以法律上課予會首較重的義務，像主持合會、收取會款、連帶給付會款的義務，如果會首拿了會首錢之後不履行其會首的義務而貿然宣佈停會，更影響會員的權益。

所以會首不可以在未經大家同意之下，由會首單方面宣佈提前結束合會，必須所有參與合會的人決定提前結束，合會才可以提前結束。

不過話說回來，會首假如宣佈要提前結束合會，雖然法律上是無效的，而且會首已經違反其在合會契約中的義務。不過，會首要提前結束合會經常是財務出現狀況或者有其他特殊情況產生，此時假如會員堅持要繼續合會而不願意提前結束合會，則可能使大家的損失更加慘重。例如，本來合會有二十期，標到第十期的時候，會首因為財務吃緊而宣佈終止合會，如果大家堅持合會繼續下去，結果合會還是只多撐了三期就倒會，這樣等於是會員們多冒三期的風險。因此，假如會首或者有很多會員提議終止合會，雖然其他人在法律上不需要同意，但為了避免損失，還是以同意提前結束最合適。

如果一定要使這個合會繼續下去，則可以找一個大家都可以接受的新會首，並由大家同意會首可以將他在合會中的權利義務轉讓給新的會首，這樣也不失為是讓合會繼續維持下去的好方式。

在合會經由大家的同意提前終止時，最重要的是活會會員已經繳交的會款必須獲得確保並保證能夠按時償還，假如合會不再繼續進行的話，關於活會會員已經繳交的會款如何處理，解釋上應該適用民法第七百零九條之九第一項關於因會首破產、逃匿或有其他事由致合會不能繼續進行時之規定，處理這個合會的後續問題，因為經由大家的合意提前終止合會，也是所謂的「有其他事由致合會不能繼續進行」，至少也可以類推適用，所以合會經由大家的同意提前終止時，活會會員已經繳交的會款在法律上是有處理的方式。

問題四十

合會的標會方式有哪一些？出標金額最高者有數人時，如何決定得標者？

實　例

老陳第一次參與合會，當開標的時候，他看到大家都在紙上寫一個數目字，然後又要翻月曆，結果他看到老丁和老周的出標金額都一樣，可是會首老張卻宣佈由老丁得標，大家也都沒有意見，老陳實在不知道為何是老丁得標？

解　答

合會開標時，通常是由會首主持，而由那些要參與競標的會員在紙上（標單上）填寫出標金額，然後由會首一一打開各個會員的標單開標。

關於各個參與競標的會員所出的標單到底是以什麼順序來打開標單，經常見到的有三種方式：

第一種方式：是對於會員所出的標單不排定任何的順序，由會首將所有參與競標者的標單開啟之後，以最高標者為得標，假如最高標者有二個以上的話，就以抽籤的方式決定得標者。

第二種方式：開標是依照一定的順序打開標單，通常是由參與競標的會員將標單放在桌子上面，圍成一個圓圈，而後由會首擲骰子決定一個數目字，再以這個數字依序由會首旁邊的會員按順時針或逆時針的方向，以該數目字計數參與競標會員的次序，數到某位會員，就由該位會員的標單開始開標。例如某次開標時有五位參與競標的會員，該五份標單排成圓圈後順時針的順序是A、B、C、D、E，假如會首擲骰子得到的數目字是4，則由會首旁邊的A開始數，按A、B、C、D的次序數。因為第四個就是D，此時便是由D的位置開始打開標單，第二位打開標單的是E，第三位打開標單的是A，第四位打開標單的是B，第五位是C。如果E和C二個人的出標價格一樣都是最高價，則因為E的標單是第二個打開，C的標單是最後一個打開，因此以E為得標者。

會首決定計數的數目時，有的用擲骰子的方式，也有翻月曆，或者翻書本等等方式，不一而足，只要能夠決定一個數目字就好了。翻月曆的方式通常是以翻到的日數作為計數的數目字，翻書的則通常以翻到的頁數中個位數目作為計數的數目字。

第三種方式：與第二種開標方式相類似，也是以某一個數目字計數來決定開標的先後順序，如果有二個以上的最高出標者時，也是以標單先打開者為得標者。

不過和第二種方式不一樣的是，第二種方式是每次開標的時候，由會員隨機站立排成一個圓圈，所以每次開標時依照當時隨機站立的順序，每一個會員的先後順序也會有不同，但第三種方式則是按照會員的編號順序依次開標。因此採用第二種方式，每一次開會的時候必須先隨機繞成一個圓圈，但第三種方式因為是按會員的編號順序打開標單，所以不須要將標單排成圓圈。

至於在決定由哪一個會員的位置開始開標的時候，也是由會首以擲骰子、翻月曆、翻書本的方式決定一個數目字後，由參與競標的會員按會員編號順序依次計數至該數目字，決定先開標之人。

依照民法第七百零九條之三的規定，開標到底用什麼樣的方式，必須要在會單中記載明確。而依照民法第七百零九條之六的規定「最高金額相同者，以抽籤定之。但另有約定者，依其約定」，如果出標金額最高者有數人，而合會會單中又沒有約定決定得標的方式，就以抽籤的方式決定之。

問題四十一

合會開標的程序沒有依照法律的規定時，其效力如何？

實例

老張起了一個合會，因為會員之中有些人參加了好幾個會，所以在會單上有特別的記載，有二個以上會份的人不可以連續在兩個會期中得標。老李參加了二個會份，其中一個會份在三月一日的會期中由老李得會，到了四月一日下一個會期開標時，老李又參加競標，結果老李又以最高標得會，這個時候，第二高標的老陳就提出異議，認為老李不能連續得標，所以四月一日的會期應該由老陳得標，問老陳說的有沒有道理？

解答

關於開標程序假如沒有依照法律所規定的方式處理，會產生什麼樣的效果？是得撤銷還是無效，法律上沒有規定，基本上依照民法第七十一條之規定「法律行為，違反強制或禁止之規定者，無效。」依民法第七十二條之規定「法律行為，有背於公共秩序或善良風俗者，無效。」依民法第七十三條之規定「法律行為，不依法定方式者，無效。但法律另有規定者，不在此限。」關於民法修正條文中有關合會契約的規定，哪一些是強制規定，哪一些是訓示規定，並沒有明確的界定，而因為民法修正條文剛剛施行，法院實務上會採取怎麼樣的見解也還不明確。

基本上，違反強制規定者會造成無效的效果，而如果只是違反訓示規定的話不會造成無效。但是因為合會是一個契約，參與合會的人都必須依照合會契約的約定，遵循並履行，假如沒有履行就構成債務不履行。如果是會單上所約定的開標方式，例如約定有二個以上會份的人不可以連續在兩個會期中得標，但卻有人違反而參與競標，或者會單上約定會員一定要親自參與競標不得委託投標，但有人未親自到場而委託投標，這樣都是違背合會契約約定的行為，如果因此而造成任何會員權益的受損，權益受損人就可以依照債務不履行的規定請求回復原狀，或請求損害賠償。

以本問題的實例而言，依照會單的約定，老李不能連續得標，所以老李在三月一日得標之後，四月一日的會期，老李根本不能參加競標。也因此，即使在四月一日的時候，老李出的是最高標，但因為他根本沒有資格得標，所以老陳才是第一高標，如果老陳提出異議主張老李不能連續得標，則四月一日的會期應該由老陳得標，老陳的主張是有道理的。

問題四十二

合會假如沒有在約定的期日及地點開標，該次開標有沒有效力？

實　例

老張召集一個合會，由老張擔任會首，約定每個月一日在老張的辦公室開標，因為十月一日老張要出國，所以原定十月一日的開標會期，老張想要提前在九月三十日開標，但因為九月三十日又剛好是星期日，辦公室沒有開門，所以老張決定改在自家開標。事先老張將更改開標時間、地點的通知告知所有的會員，但是陰錯陽差，卻沒有通知到老丁。而老丁急需用錢，希望能在十月一日得標，沒有想到十月一日老丁按原來的開標時間到達老張的辦公室準備競標時，才發覺老張已經出國了，而且詢問其他會員才知道該期合會已經開標完了，請問老丁能有什麼主張？

解答

合會是一種契約，而且是經過全體會員及會首同意並簽署的契約。既然由大家簽署確認，則會單上所有記載事項，必須由會首及會員共同遵循，任何人都不得違反。依照民法第七百零九條之三的規定，標會期日是會單上應該記載的事項，而依照民法第七百零九條之四的規定，標會的場所則是由會首決定，並應先期通知會員。

因為標會日期在會單上是必要的記載事項，會單上所有約定的事項除非經過全體會員及會首的同意，否則不能夠變更。所以不能夠擅自更改開標日期。

而合會開標的場所雖然依照民法第七百零九條之四的規定，可以由會首決定，並由會首

在決定地點後先行通知會員，不過在一般的合會運作上，開標地點都是在起會時就已經事先約定好的，而且大多記載在會單上。假如開標地點也記載在會單上，則開標地點也就成為大家在會單上約定的事項之一，會單上約定的事項除非經過全體的同意，否則不能夠變更。

而如本問題的實例，老張因為要出國，本來預定十月一日要開標的會期改在九月三十日開標，而且開標地點也有所更換，假如老張在事先已經在適當的時間前通知全體會員，而且沒有會員提出任何意見，則等於大家都默示同意更改該會期開標的時間和地點，則該次變更時間和地點的投標程序，並沒有問題，因為已經經過大家同意變更。但是，如果老張在事先已經將變更時間和地點的訊息通知全體會員，可是卻有人提出意見，或者有會員沒有收到通知，或者通知沒有在適當的時間先行到達所有會員，則該次更改開標的時間及地點的投標就違背了合會會單上的約定，該次開標的效力，就產生問題。

民法上對於違背會單上所約定的開標時間及地點的投標，到底是無效、得撤銷、或者是什麼樣的效力並沒有規定。但假如更改合會開標時間或地點沒有預先通知某會員，而該會員又要參與競標，則對於該會員的權益有所損害，這時候權益受損人就可以依照債務不履行的規定請求回復原狀，或損害賠償。因為合會是一個契約，參與合會的人，不管是會首或者會員，都必須依照合會契約的約定完全遵行並履行，假如沒有履行就構成債務不履行。

依本實例而言，老丁本來要參加開標，但因為不知道時間已經由十月一日更改為九月三十日，因此沒有辦法在九月三十日前往開標，結果損失了參與投標的權利，這個時候，老丁可以主張該次合會的開標程序違背合會會單上的約定而主張該次開標程序有瑕疵，可以要求回復原狀，重新開標，或者請求損害賠償。

問題四十三

會員是不是要親自到場參加標會？

實　例

老陳參加老張擔任會首的合會，在十月一日的這個會期，老陳非常需要錢，因此想參與競標，但是十月一日開標當天，老陳因為有重要的公事必須要趕赴南部，沒有辦法親自參與開標，老陳能不能委託會首老張幫他參與競標？

解　答

民法合會的條文中並沒有規定會員一定要親自到場參加投標才可以得標。一般民間合會也沒有會員一定要親自到場參加投標的習慣，所以會員也可以不親自到場而委託會首或其他會員代為投標，甚至委託非會員的人到場代為投標也是大家所接受的。

比較值得探討的是委託其他人代為投標時，必須要用什麼樣的委託方式。因為合會大都是由與會首有關係的人所組成，因此一般民間習俗上基於信賴關係，委託他人到場代為投標並不嚴格要求要有書面，通常只要在開標的時候口頭陳述受某某人委託參與投標，大家都加以承認。不過必須要注意的，就是因為在民間習慣上委託參與投標的時候都沒有書面，所以到底是不是真的有受到委託，其他會員或會首並不容易查知。尤其會員個別之間和會首大多認識，但會員之間則不一定認識，而合會中有很多會員是基於儲蓄的目的而參加合會，通常都不參與競標而且也幾乎都不到場。假如合會中有某一位會員長期不出席參與競標，而這一位會員又與大多數會員不熟識，則會首假冒這一位會員的名義參與投標，則其他會員常常不易查證或信以為真，就會發生舞弊詐欺的情形，這是參與合會中所最必須要防範的。

為了防止這種舞弊的情形，建議除了平常加強會員之間的連繫之外，如果能嚴格規定委託他人代標一定要有書面的委託書，應該可以有遏阻的作用。因為如果委託他人代為投標只須要有口頭說明而不須要書面的話，即使有虛稱受委託的情形，但因為沒有書面，不會構成偽造文書的罪責。但如果在合會會單上嚴格約定受委託到場參與投標者必須出具書面，則假如有人沒有經過他人授權卻假冒有經過授權，他就必須要偽造委託書，那就馬上要負偽造文書的責任，如此應該可以比較有效遏止冒標的風氣產生。

例如在某個會期中，實際上並沒有人得標時，依照民法第七百零九條之六第二項規定，

應該用抽籤或者大家預先協定的方式決定得會的會員，假如會首本身沒有會份，則會首除非與會員勾結，否則必定維持公平，依法律或約定的方式決定得會者。假如會首向會員詐稱某甲得標，則只要會員之中有跟某甲是好朋友的向某甲查證，會首的謊言就很容易被揭穿。可是假如會首本身有會份的話，就比較不容易查證會首的騙局。

委託書的內容非常簡單，基本上只要確認委託的行為限於某一個合會會期，委託人及被委託人為何人，並由委託人簽署就好。如果有特別的委託事項，例如代收會款，也要在委託書上表明。至於委託投標的金額，不宜在委託書上顯示，因為委託書是要公開給大家看的，而投標金額一定要秘密，所以不宜在委託書上顯示。

委託代為投標之委託書範例

委託書

本人陳○○茲委託李○○於○○年○月○日的合會開標日，代理本人為出標之行為。

立委託書人

身分證字號

住所

中華民國○○年○月○日

問題四十四

假如在某個會期中沒有人參與合會的競標時，該期合會如何決定得標者？

解　答

假如合會在某一個會期沒有人參與競標，依照民法第七百零九條之六的規定，除非另有規定，否則是以抽籤的方式決定得標者。

民法這樣的規定，看似公平，事實上並沒有辦法解決無人競標時如何得標的所有問題。因為合會的競標，其目的在解決兩個問題，就是決定「誰是得標者」以及「得標金額的多寡」，而民法第七百零九條之六第二項的規定只解決了「誰是得標者」的問題，但是對於「得標金額的多寡」，還是沒有處理。

為了避免這樣的困擾產生，應該在起會的時候就在會單上約定，假如沒有人出標的時候，要用什麼方式決定得標者，並且約定沒有人出標的時候，得標金額是多少。

一般民間的合會運作，假如在會單上有約定出標金額的最低額的限制時，在沒有人出標的時候，是以抽籤決定由某個人得標，而其得標金額就是約定出標金額的最低額限制的金額。

例如有一個基本金額是三萬元的合會，會單上約定出標的最低金額是二千元，則如果沒有人得標而用大家所約定的方式決定得標者時，就以二千元作為得標金額。另外，在一般民間的合會也常常有會首協調由某個會員得標而不採行抽籤的方式。

不過，無論是由會首決定或者約定以其他方式決定得標者，最好都在會單上約定或者至少事先在開標前清楚約定，以杜絕爭議。

問題四十五

什麼叫冒標？

解　答

冒標就是冒他人之名標會，也就是某位會員實際上並沒有參與競標，但是卻有其他會員或會首冒用該位會員之名義參與競標。尤其很多的合會會員當初是基於儲蓄的目的而參加合會，因為大部分的會期都不參與競標，所以也幾乎都不到場，這種長期不到場的會員便容易被他人冒標。

例如，某甲擔任會首召集合會，因為A會員是以儲蓄為目的而參與合會，所以幾乎不參加合會的競標，此時某甲見有機可乘，在某一次會期中某甲就向其他會員虛稱A委託其參與競標，結果該會期表面上是由A得標。不過，實際上，A並未委託某甲參與競標，而其他會

員以為A得標，因此也繳交會金，此時擔任會首的某甲收取會金之後並沒有交給A，甚且說是某會員得標，並向A收取會錢。這種冒標行為在合會詐欺中經常發生，也是合會詐欺最容易出現的詐欺方式。很多倒會的情形也是肇因於此。

如果會員之間大家都是熟識，就不容易產生冒標的情況，因為假如某位會員向大家詐稱獲得某人授權，只要會員之中有和那位被稱為是授權者的會員查證，那位虛稱有獲得授權的會員的謊言就很容易被揭穿。可是如果會員之間互相都是不認識的話，謊言就不容易被揭穿。

不過，會員比較不容易冒他人之名競標，因為即使某一個會員向大家詐稱獲得某人授權，但是通常會首都會認識所有的會員，如果會首能夠保持超然公正的立場嚴加監督，詳加查證，實際上會員根本沒有上下其手的機會。

但是會首就有很多的機會舞弊，因為主持合會開標的是會首，收取會款也是由會首去收取，交付會款也是透過會首交付，對於整個合會的運作以及會款收取及交付的情況只有會首最為清楚。至於其他一般的會員，大部分都不見得參與合會的開標，即使參與開標，對於收取會款及交付會款的狀況也不甚明瞭，所以只有會首是可以操控合會運作的人。而哪一位會員經常不出席也不參與競標，也只有會首最清楚。如果會首冒標的話，其實是很容易的。

例如合會中有會員某A只認識會首，和其他會員並不熟，對於某A只認識會首，和其他會員並不熟的情形，會首當然很清楚。如果A長期不出席也不參與競標，會首就可以在某一

次Ａ未到場的會期中向其他會員虛稱Ａ要參與競標，會首並以Ａ的名義填寫標單。而其他會員和Ａ不熟也無從查證，大家便會以為是Ａ得標，因此也會按時繳交會款，此時會首則向Ａ虛稱是另外的一位會員得標，但因為Ａ和其他人不熟，也不會去查證，所以其他的會員以為Ａ得標，但Ａ卻以為是另外的一位會員得標，結果會首所收取的合會金並沒有交給Ａ，而是由會首侵吞。

在實務的運作上，法院在開庭調查是不是有冒標的情形時，經常必須傳訊所有的會員，並且經由比對各個會期得標者的名單及有無收到合會金，才有辦法得知到底是否有冒標的現象，因此在訴訟程序上及舉證責任上甚為不便。假如在合會開標時，都能夠嚴格要求未到場的人必須要出具委託書，則在訴訟程序進行中就不需要傳訊全部的會員，只要傳訊委託書上的委託人是否有真正出具委託書，假如沒有出具而是其他人偽造，就有偽造文書的責任，如此在訴訟上應該可以較為省事。

第四章 會款的繳納

問題四十六

會員應該在什麼時候繳交會款？

實例

老張召集一個合會，會單上對會款的繳納期限並沒有約定，到底什麼時候要繳納會款？

解答

合會開標之後，死會會員必須繳納死會會款，活會會員也必須繳納活會的會款，關於會款的繳納期限在一般的民間習俗上並沒有限制。通常合會的開標日期都是大家比較方便的日子，例如很多合會的開標日期都是在發薪水的日子，就是為了方便大家在標會之後直接從薪水中給付，尤其是公司行號員工所組成的合會，甚多都是如此。假如是這樣的合會方式，大部分的款項都能夠在開標當天就已經收齊，但是很多的合會並不是選在發薪日開標，且大部分的合會並不是由公司行號內同一團體所組成，而是由會首召集親朋好友所組成的居多，而開標時通常都不會全到齊，因此大部分合會都必須由會首在開標後，一一去向會員收取。

以往因為法律上沒有規定會員繳納會款的期限，所以奉公守法的會員都能夠在開標當天

或者一、兩天內就能依慣例將會款繳納。但有些比較賴皮的會員，就經常拖延繳納會款的期限，對會首造成很大困擾。而以往因為對於會員繳納會款的期限沒有強制的規定，因此只要會首堅稱會員沒有繳納會款，得標的會員也不好意思要求會首先行代墊，有時候會員比較會拖拉的，常常會款有遲付十幾天的情況，對大家相當的不便。

民法修正條文通過後，第七百零九條之七第一項規定「會員應於每期標會後三日內交付會款。」第二項並規定假如三天內會員沒有繳納會款的時候，會首就有代為給付之義務。以往法律沒有規定會首有這個責任，因此常常追討無門，現在民法修正條文通過了，會員就於法有據可以請求會首代為給付會員逾期未繳的會款。但是會首只是代會員為給付，應該繳付會款的義務人到底還是會員本身，因此依民法第七百零九條之七規定，會首代為給付後，得請求未給付之會員附加利息償還之。

問題四十七

會款的給付方式有沒有限制？

實　例

老張起了一個外標式的合會，在會單上約定所有的會款都必須要用支票給付，而且在起會時就要全部的人把支票按各個會期開好，放在老張那邊，等到得標時再將支票交付給得標會員，這樣的約定方式合不合法？

解答

關於合會會款的給付方式，法律並沒有規定要以現金、支票、匯款的方式給付，甚至也可以用抵帳方式，例如會員與會首間或會員與會員間有其他的債務，而以抵帳方式給付會款也都可以。

不過問題也出在這裡，因為給付會款並沒有一定的方式，所以各個會員給付的方式也經常不一樣，可能在同一個合會中，有的會員用現金、有的會員用支票、有的會員用匯款。而一般合會基於會首與會員之間大家都是熟識的朋友，所以給付會款之後，通常也都沒有開立收據。假如是以支票、匯款的方式給付的話，因為從銀行的往來記錄上還可以查知，但如果是以現金給付的話，到底有沒有給付就會有證據上的問題，常常在訴訟上產生困擾。

經常有訴訟案件發生的時候，明明會員有按期給付會款，但是倒會的會首卻聲稱會員沒有給付會款，讓給付會款的會員啞巴吃黃連。而到底有沒有給付會款在舉證上確實甚為麻煩。因此為了預防萬一，假如會款的給付能夠用支票或者用匯款的方式，就可以留下資金往來的資料，日後假如有糾紛產生的話，在有無按期給付會款的舉證上會比較容易。

如果要講究證據的強度的話，用匯款是最穩妥的方式，因為匯款的話，從哪一個人的戶頭匯到哪一個人的戶頭，一清二楚，絕不容狡賴。而在使用支票的情形，有時候查證很簡單，但有時候也是蠻複雜的。因為如果支票沒有轉過太多手的話，則資金的往來情形還容易查證，但是如果支票已經轉過非常多手的話，因為最後提示的人和發票人之間已經不認識，整個支票的前後手的轉讓過程也不見得就一定查得出來。在實務的運作上，如果支票已經轉過很多手的話，就要從最後的持票人開始傳訊，一直追問整個支票的轉讓過程，有時候為了調查這一點，就可能要開好幾次庭。

在工商社會中，為了使會首收取會款便利，有些合會約定會款用支票給付，這樣就少掉會首向會員收取會款所產生的不便性。

不過以支票給付會款，在外標式和內標式也有不同的方式。在外標式的合會，因為每一個活會會員所要繳付的會款每一期都是一樣，也就是合會的基本金額，所以在起會時就可以要求全部的會員把票面金額為合會基本金額的支票按各個會期開好，放在會首處，等到得標時再將支票交付給得標會員。例如某外標式的合會由會首某甲召集，會員有Ａ、Ｂ、Ｃ、Ｄ、Ｅ、Ｆ、Ｇ、Ｈ、Ｉ、Ｊ等十人，合會每一會份的基本金額是新臺幣三萬元，而除了第一期會首錢之外，第二期是從二月一日開始投標，以後每個月的一日均為投標日，直到十一月一日。則會首及會員Ａ、Ｂ、Ｃ、Ｄ、Ｅ、Ｆ、Ｇ、Ｈ、Ｉ、Ｊ等十人在起會時就必須開立十

張金額三萬元的支票（會首是在拿到會首錢後開立支票），日期則為從二月一日開始直到十一月一日的每個月的一日，這些支票都放在會首處。假如A在二月一日得標，得標金為三千元，則會首會將A所開立的支票全部還給A，並且將除了A所開立的支票以外，其他人所開立的共十張（包括會首及其他九位會員）二月一日為開票日的三萬元支票都交給A，A拿到這十張支票的同時，則必須要開立九張三萬三千元（基本金額三萬元加上得標金三千元）的支票交給會首，日期為從三月一日開始直到十一月一日的每個月的一日，這也就是A必須交付死會會款的日期。而會首則會在以後的每一個會期將A開立的支票交付給得標會員，也就是以開立支票的方式代替現金給付。

這種活會會員預開支票的方式，只有在外標式的合會中才可以實行，在內標式的合會中無法實行，因為內標式的合會在得標之前，並無法預先知道活會會員必須繳交多少會款，所以無法在起會時預先開立。不過內標式合會得標會員取得合會金之後，以後其在各個會期所應該給付的死會會款則已經固定（其實就是合會的基本金額），所以內標式的合會雖然不能預先要求會員開立支票給付活會會款，但是會員得會後所應該給付的死會會款，則可以要求死會會員在取得合會會金後按各個合會會期預先開立。

問題四十八

假如有會員不願意按期繳交會款的時候，會首有什麼責任？

實例

老周參加老張所召集的合會，老周在標得合會金之後，本來應按期給付死會會款，但老周每次都故意拖欠會款，此時會不會影響其他會員的權益？

解答

依照民法第七百零九條之七的規定，「會員應於每期標會後三日內交付會款。會首應於前項期限內，代得標會員收取會款，連同自己之會款，於期滿之翌日前交付得標會員。逾期未收取之會款，會首應代為給付。會首依前項規定收取會款，在未交付得標會員前，對其喪失、毀損，應負責任。但因可歸責於得標會員之事由致喪失、毀損者，不在此限。會首依第二項規定代為給付後，得請求未給付之會員附加利息償還之。」所以在合會開標之後的三日內，所有的會員都必須給付會款，這裡所稱的會款包括活會會員必須給付的活會會款，以及死會會員必須給付的死會會款，如果會員不按時給付會款，不管未按時給付會款的會員是死會會員或者是活會會員，會首都有代為給付的責任。所以如果有會員賴債不繳會款，只是會首的責任加重必須代為給付會款而已，還不致影響其他會員的權益。

不過必須說明的，依照民法合會契約章節的法律條文來看，會首只是代未繳會款的會員為給付的責任，但不是最終的責任，因此會首只是代為給付，會首代為給付之後，會首還是可以依第七百零九條之七第四項的規定，請求該未給付會款的會員附加利息償還未給付的會款。

問題四十九

會員能不能以他與會首相互間的債權債務關係主張抵銷，而拒絕繳交會款給會首？

實　例

老丁參加老張所召集的合會，老丁在標得合會之後，應按期給付死會會款新臺幣三萬元，但是之前老張積欠老丁新臺幣三十萬元債務，所以老張每個月向老丁收取會款時，老丁都主張抵銷。請問老丁的主張合不合法？

解答

在合會的性質上有所謂的單線關係的合會跟類似合夥的合會，二種合會關係存在。所謂單線關係的合會是指合會關係只存在於會首與會員之間，至於會員與會員相互之間則不發生任何的合會關係，而所謂類似合夥的合會是指具有團體性的合會。合會關係不只發生在會首與會員之間，而且會員相互之間也發生合會的關係。就我國以往實例上的判決而言，對於我國的合會制度是否是單線關係或者是類似合夥關係的合會，也有相當大的紛爭。

事實上，這二種關係的合會在民間都存在，不過在實務上，歷年來有關合會的關係，最高法院的判例及判決都認為是單線關係的合會。例如最高法院四十九年臺上字第一六三五號判決認為「臺灣合會性質乃會員與會首間締結之契約，會員相互間除有特約外，不發生債權債務關係」，以後的判例也都採取相類似見解，而認為臺灣民間的合會習俗係屬於單線合會關係，這樣的判決事實上招致很大的批評，也引起很大的糾紛，因為單線的關係之下，會員相互之間沒有發生合會關係，假如會首跑掉了，活會會員也不能直接向死會會員收取會款，所以以往法院實務上對合會這樣的處理方式招致很大的爭議。

在民法債編修正條文通過之後，可以看到民法修正條文對於合會的性質係定位在團體性質的合會，而不再是單線的性質，所以民法第七百零九條之七第二項規定，會首應代得標會

員收取會款，未收取之會款，會首應代為給付，第七百零九條之九第三項也規定在合會不能繼續進行的時候，活會會員可以向死會會員直接請求給付會款。

事實上，因為以前民法對於合會契約沒有規定，因此到底合會是怎麼樣的性質都有不同學說與見解，但是因為合會本身是一個很特殊的契約，假如用其他民法上的契約來解釋，實際上一定是穿鑿附會、削足適履。民法修正後，採取團體性的合會關係，使會員與會員之間發生合會之契約關係，在會款的請求上，則定位為會首只是代會員請求收取款項。所以在法律的性質上，會員對於會員與會員之間相互發生權利義務關係，在這樣的團體性結構之下，會員直接對於其他會員有給付會款的義務，合會會首只是代為收取會款而已，所以會員繳交會款並不是對會首的義務，而是對其他會員的義務。

在本問題的實例中，老丁以會首老張其他的債款主張抵銷自己應該繳付的死會會款，這種抵銷在法律上並不成立，因為依照民法第三百三十四條抵銷之規定，「二人互負債務，而其給付種類相同，並均屆清償期者，各得以其債務，與他方之債務，互為抵銷」，所以如果要主張抵銷，其前提必須是抵銷的雙方互負債務。以本件實例而言，老丁給付會款的義務是對其他會員（得會會員）給付，並不是對老張的義務，因此，從法律上來講，老丁不能以老張欠他的債務主張抵銷而不給付死會會款。

不過在實際的運作上，老丁可能還是可以達到抵銷的目的，因為依第七百零九條之七第

二項的規定，會員逾期未繳交之會款，會首應代為給付。所以如果老丁一直不拿出會款，身為會首的老張還是必須要先代老丁給付會款給得標的會員，而後老張再依民法第七百零九條之七第四項的規定，向老丁請求。不過等到老張依照民法第七百零九條之七第四項的規定向老丁請求的時候，這時的債權人是老張，債務人是老丁，該請求權就發生在老丁與老張之間，這個時候老丁還是可以用老張先前積欠自己的債務主張抵銷。因此在實際的運作上，雖然老丁依照合會條文的約定，不能以老張欠自己款項就主張和自己應該繳付的會款抵銷，但是如果老丁一直不給付會款，最後的結果還是老張給付，老丁還是會達到抵銷的效果。如果以後法院實務的運作能夠注意到這個情形並加以處理，才能達到立法的目的。

問題五十

死會的會員能不能以會首積欠其款項而主張抵銷，不將會款給付給其他會員？

實　例

老陳參加老張擔任會首的合會，結果老張倒會逃逸無蹤，老陳是已經得標的死會會員，當其他會員要求老陳按期繳付死會會款時，老陳能不能以老張積欠他大筆債務而主張抵銷，不給付會款？

解答

這個問題也是牽涉到合會到底是單線關係還是團體關係，在以往我國判例之中是採用單線關係，所以經常有會首倒會，而當其他會員要求死會會員按期給付各個會期應該給付的死會會款時，死會會員如果主張因為會首積欠他一筆債務，所以主張抵銷，其他會員便求償無門。

這是因為以前我國實務上認為合會的法律關係是單線的法律關係，例如最高法院四十九年臺上字第一六三五號判決認為「臺灣合會性質乃會員與會首間締結之契約，會員相互間除有特約外，不發生債權債務關係」，所以付會款的責任也是存在於會員與會首之間，會首收取會款的時候是以會首本身是債權人的身分向會員收取會款，並不是代會員收取會款，所以假如有會員主張和會首積欠他的債務相抵銷時，當然可以成立。

但是現在民法對於合會的性質已經採取團體性性質的規定，會員相互之間發生契約的關係，會員之間有直接的債權債務關係，死會會員有向其他活會會員給付會款的義務，會首只是代得標會員收取會款的性質，所以死會會員不能以會首積欠其債務而主張抵銷，而不將死會會款交付給其他活會會員。本題的例子和前一題的例子不一樣，在前一個例子中，老丁向會首老張賴帳可以達到抵銷的效果，但是在這個例子中是其他會員直接向死會會員老陳請求。

而根據民法第七百零九條之九之規定「因會首破產、逃匿或有其他事由致合會不能繼續進行時，會首及已得標會員應給付之各期會款，應於每屆標會期日平均交付於未得標之會員。……其遲付之數額已達兩期之總額時，該未得標會員得請求其給付全部會款」，法律條文中已經明定「未得標會員得請求其給付全部會款」。這樣的規定代表會員與會員之間有直接的請求權，所以除非老陳和前來請求會款的那位會員之間另外有債權債務的關係，否則老陳不能以會首老張欠他錢主張抵銷賴帳不給付會款。

問題五十一

會首對所收取之會款的毀損、滅失應負無過失責任？

實例

老張擔任會首，在十月一日會期之後向所有會員收取會款，準備在十月四日交給得標的會員老陳，但是在十月三日晚上，老張家遭小偷，所有的會款都遭小偷偷走，問老張對該些被偷走的會款要不要負責？

解答

依民法第七百零九條之七的規定，不管是死會會員或者活會會員都要給付會款，而得標的會員則可以取得該些會款，因此該些會款的給付義務人是未得標的會員，當然得標的會員則可以取得的還包括會首領取會首錢後每個會期所應繳納的會款。

關於這些會款，得標會員本來就可以直接向其他會員請求，合會會首只是代得標會員收取會款而已，但這些從會員處所收取的會款在還沒有交付之前，假如發生不可抗力或不可歸責之事由而致毀損滅失時，到底是會首還是得標會員要承受毀損滅失的風險，必須加以釐清。假如依照民法寄託的原理，依照民法第五百九十條之規定「受寄人保管寄託物，應與處理自己事務為同一之注意。其受有報酬者，應以善良管理人之注意為之。」依相同的原理，則會首在收取會款而尚未交給會員之前，是具有類似保管人的地位，照理說只應負善良管理人之注意義務，如果是不可抗力所產生的毀損滅失可以不必負責。但是民法第七百零九條之七第三項加重會首的責任，使會首對於所有的事由所導致的毀損滅失都應該負責，即使不可歸責於會首之事由或者不可抗力所產生的毀損滅失，會首還是要負責。例如該些會款被小偷偷走，或者因地震將該些款項掩埋，或者著火以致該些款項燒毀，會首對這些喪失毀損的情況應該負責，不可以因為不可歸責於會首或因不可抗力而主張免責。

不過民法第七百零九條之七第三項有但書的規定，因此假如是得標會員的原因導致喪失毀損者，則不在此限，例如會首老張本來要將已收齊的會款在十月二日晚上就送到得標會員老丁的家中，但老丁卻不在家，而且老丁家在十月三日清晨失火，延燒到隔壁的老張家，以至於這些會款毀損滅失，則老張不必負責。

問題五十二

合會不能繼續進行時，死會會員的會款如何繳納？

實例

老張起了一個合會後，本來應該要標十期，結果標了三期分別由A、B、C得標，之後老張因為要移民出國沒有辦法再繼續這個合會，請問如何善後？

解答

依照民法第七百零九條之九之規定「因會首破產、逃匿或有其他事由致合會不能繼續進行時，會首及已得標會員應給付之各期會款，應於每屆標會期日平均交付於未得標之會員。但另有約定者，依其約定。會首就已得標會員依前項規定應給付之各期會款，負連帶責任。

會首或已得標會員依第一項規定應平均交付於未得標會員之會款遲延給付，其遲付之數額已達兩期之總額時，該未得標會員得請求其給付全部會款。第一項情形，得由未得標之會員共同推選一人或數人處理相關事宜。」

在合會沒有辦法再繼續進行的時候，對於活會會員而言，其已經沒有標會的機會，所以他也沒有辦法享受競標及得會的權利了，不過因為以後不再標會，所以他也不必再繳付會款。但是對於前幾期已經給付的會款，如何返還給尚未得標的活會會員就成為問題。

按合會會員在競標時，其所出標的金額是經過審慎考慮的，除了當時的利率水準外，還有考量自己對合會金取得的迫切性，而另外一個重要的考慮就是到底取得的合會金可以使用多久時間，也就是到底這個合會的會期還剩下幾期。假如合會金可以使用很久，相對而言會員競標的出標金額就會比較高，所以在合會前幾個會期通常都會有比較高的出標金額。因為前幾期得標的會員取得合會金後，因為還有很多的會期，等於可以分很長的一段時期分期償還，所以享受到的利益，當然就比較多，出比較高的金額競標就還划算。

但是合會會期越往後面，出標金額就越低，因為會期愈後面，會員得標後所能夠享受到使用合會金的期間就愈短，例如合會中倒數第二會才得標的會員，其所取得的合會金其實是以往各期得標會員所給付的死會會款，而這些款項實際上都是自己以前所繳交的活會會款項的返還而已，是自己的錢，並不是別人的錢。所以嚴格來講，倒數第二期得標的會員所取得的會款中，真正算是別人的錢就只有最後一位未得標會員所給付的活會會款，因此這位倒數第二期得標的會員他所享受到的使用其他人會款的利益，實際上只有一個會期而已。因此之故，所以後面期數的出標金額自然就會減低，而因為會員在競標的時候，會考量到到底還會有幾個會期而斟酌出標金額的多寡。而原來這些會員在出標時所預期可以使用合會金的期限利益，即使合會中途就結束，也不該在結束的時候馬上叫這些死會會員將全部的會款一次付清。例如某位會員得標的時候，還有三十個會期，則如果每個月是一個會期，該得標會員所預期的是分三十個月攤還會款，假如過了三個月合會就停止了，也不應該叫他馬上返還所有合會金，而應該照著他原來應該給付會款的期數分三十個月返還。

所以在合會不能繼續進行時，所有出標以及繳交活會會款的動作也都已停止，合會契約本身也已經不再繼續運作，但是死會會員繳交死會會款的義務卻仍然按照原來預定的合會會期繼續在進行。而這些由死會會員所繳交的會款，就依照民法第七百零九條之九第一項的規定，平均交付給未得標之會員。例如，老張起一個合會，在A、B、C得標後，還有七個會期的時候結束，但因為老張出國沒有辦法繼續進行，所以從第四個會期之後，由會首及已經得標的會員A、B、C三個會員共四人所繳納的會款，依法就應該平均分配給未得標的會員。假設每一期死會會款是新臺幣三萬元，則四個人共應繳交新臺幣十二萬元，這十二萬元就平均分配給其他尚未得標的七個活會會員，一直到預定的十一月十一日原定的最後一個會期結束。

不過假如該些死會會員沒有按原定的會期繳交會款時，依照第七百零九條之九第二項之規定，會首應負連帶責任。但是這是指不是會首之原因所導致的合會不能繼續進行的時候，才有可能由會首負連帶責任。假如是因為會首破產、逃匿事由而致使合會不能繼續進行，則會首本身都沒有辦法給付會款了，當然也沒有辦法負連帶責任。這個時候，假如死會會員又沒有依照各會期給付會款，則實際上活會會員就可能會拿不到應該得到的死會會款。

另外，在合會不能繼續進行時，死會會員給付會款有遲延，且金額達到二期時，則依照第七百零九條之九第三項之規定，這位會員會喪失分期給付死會會款的期限利益，變成要一次拿出錢來。例如死會會員尚有三十萬元的會款需要給付，本來可以分十個會期，則每個會期只要分擔三萬元就好，但是如果連續兩期沒有遲延給付，則必須給付全部會款，變成三十萬元必須一次給付，就等於喪失了期限利益。

問題五十三

會首倒會或逃匿的時候，活會會員能不能代替會首向死會會員收取會款？關於合會會員與會員之間，到底有沒有發生關係？或者，合會的法律關係只是存於會員與會首之間，各個會員之間，互相應沒有關係？

解答

一直以來，在我國的實務上，一直有不同的爭端，尤其是在民法修正條文實行之前，因為沒有法律條文作為合會關係的法律基礎，因此當時法院的實務運作都是類推適用其他民法上的契約作為解釋依據。所以會產生會首倒會或不見了，結果活會會員沒有辦法向死會會員求償的場面。從判例的演變而言，因臺灣習慣法上之合會，具有單線關係之合會與團體關係之合會兩類，已如前述。我國大理院三年上字第九三一號判例謂：「集會契約（即合會契約）之目的，在使各會員得受同等之利益，且其性質與合夥契約相類似。故在各會員尚未完全收回其出資，或償還其所收其他會員之出資前，各會員間均保持共同之利害關係，而不容有所差異。由此推斷，則各會員中如實有喪失資力，不能踐行其償還出資之義務，其因此而生之損失，除有特別約定外，自應由各會員分擔，不得盡舉以歸之未受會款之人。」足見我國早期實務見解，承認團體性之合會。最高法院在四十七年臺上字第一八〇八號判例亦採認團體性合會關係，該判例謂：「被上訴人合會儲蓄股份有限公司所組織之合會，係以投標方式由各參加會員投標，以標面最低金額為得標，其投標金額與給付金額之差額，則平均分配於未受給付之會員，此為參加合會會員間契約所約定。」然而最高法院於四十九年臺上字第一六三五號判例認為：「臺灣合會性質乃會員與會首間締結之契約，會員相互間除有特約外，不

發生債權債務關係。」顯然將臺灣習慣法上之合會，解為單線關係之合會類型。本件判例中，固有「除有特約外」之限制，但其後法院實務見解，均以本件判例為依據，以單線關係合會處理所有因合會關係所生之糾紛，未再承認團體性之合會關係。

在發生倒會情事時，最高法院六十九年臺上字第一六〇一號認為：「臺灣省民間合會習慣，係會首與會員間所訂立之契約，會員相互間，並無債權債務關係，會首倒會，對未得標之會員自有給付原繳會款之義務，不因其他會員未繳會款而可免責。」據此，會首倒會後，即使其他會員因而不願繳交會款，會首依據其與個別會員間之契約關係，仍應負責。最高法院在本件判決認為合會會員相互間，並無債權債務關係，會首倒會，縱使死會會員，對其他活會會員亦無庸負責，應係基於單線關係之合會，所為之解釋。因為判決有這樣的見解，認為合會的會員跟會員相互之間並沒有任何的法律關係，所以才會發生會首假如破產或者逃匿的情況。因為實務上認為合會之間沒有任何的法律關係，所以互相之間也沒有辦法請求會款，產生了很多的問題。但是依照民法修正條文的規定，因為合會已經是法律上所規定的有名契約的一種，而且在合會成立的時候，依照民法第七百零九條之三之規定，會單應由會首及全體會員簽名，記載年月日。所以合會的契約關係在會員相互之間以及會員與會首之間，而且依照民法第七百零九條之九的規定，會員之間亦得相互請求，且依照民法修正條文的規定，會員與會員之間已經存在有法律關係，以前所存在的判例和民法修正條文的規定不同的地方，該些判例應該不再有拘束力。

問題五十四

合會最常見的倒會有哪幾種？

解答

通常所謂倒會就是會首或會員沒有按照合會的約定在各個會期繳付會款。我們可以從活會會員、死會會員及會首三方面來分析：

1. 活會會員：活會會員還沒有得會，但是在每一期合會會期中必須繳付活會會款。如果活會會員繳不出活會會款，也是一種廣義的倒會。不過就活會會員而言，因為還沒有得會，所以即使他繳不出會款，大不了就是該期得會會員少取得一點合會金而已。而得會會員每少取得一個會份的會款，相對地，以後他就可以少付一個會份的死會會款，所以並沒有損失。而且如果合會已經進行了好幾個會期，則活會會員已經繳付了好幾期的活會會款，等於是死會會員還欠這位活會會員會款，而這位活會會員並沒有欠人家錢，所以問題更小。因此，如果是活會會員繳不出活會會款，通常不認為是倒會，因為只要把這位會員已繳交的會款和他還應該付出的會款折算抵充一下，再由其他的會員或新的會員承接其會份，問

題就解決了，所以活會會員繳不出活會會款，問題不大，一般也不認為是真正的倒會。

2. 死會會員：以死會會員而言，就是死會會員應該在得會後的各個會期繳付的死會會款，但卻繳不出會款。和活會會員的情形不一樣，死會會員繳不出各個會期應繳付的死會會款是真正的倒會，因為死會會員已經得會且取走合會金了，所以是死會會員欠活會會員錢，如果他沒有按期繳付死會會款，在民事責任上，依照民法第七百零九條之七第二項的規定，會首必須先行代該死會會員支付會款。

一般會員倒會的情形，如果是良性的，不會構成刑事詐欺刑責，通常是因為會員財務狀況產生變化，本來預期可以繳納的會款變成無法繳納。但如果是惡性的倒會，就可能構成刑事詐欺刑責，通常的情形是該會員在合會的初期階段就參與競標，而且會以較高的出標金額競標取得，但得標後立即逃逸無蹤，不繳納死會會款。

會員倒會的情況對整個合會的影響，會因為他在這個合會中所占的會份比例而有不同。如果某個人在一個合會中占有太多的會份，則他的倒會對這一個合會的影響會比較大。例如某一個合會有三十個會份，假如每一個人都只參加一個會份，則其中一個會員倒會時，受影響的只是三十分之一的權益。但假如這個有三十個會份的合會中，某一個人就參加了十個會份，一旦這個人倒會，就會影響大家三分之一的權益。

3. 會首：以會首而言，因為會首可以操控合會的運作，所以會首倒會的情況是最常發生的，

通常有這幾種模式：

第一種（以會養會）：會首同時或先後召集數個合會，以會養會，但會首取得的會首金卻不好好使用，以致終於周轉不靈而倒會。因為會首起會時可以取得會首錢，等到繳不起會款的時候，再起另一個新的合會，又取得會首錢，付不出來再起一個新的合會，以會養會，用的都是別人的錢，會首自己一毛錢也沒有投入，而因為會首所召集的合會有許多個，其他會員對會首的財務也根本無法知悉。一旦會首財務運作失敗，將會產生各個合會倒會的連鎖效應，影響極大。而假如該會首本身又有參加其他合會作為會員者，則不僅會首本身所召集的合會倒會，也會連帶使其他原本正常運作的合會發生倒會的連鎖效應。

第二種（人頭會員）：會首沒有辦法召集到足夠的會員，或者本來就心存故意，先用家屬姓名或虛構的姓名列為會員，然後會首再利用其主持合會的便利使那些被冒用姓名或虛構姓名的會員得標，在記錄上看起來好像是得標，不過實際上該些人並不知情或者該姓名根本就是虛構。實際上，所取得的合會金全部都被會首取走。假如會首運用資金不當，極容易倒會。

關於這一點在民法修正條文中，增訂民法第七百零九條之三的規定，要求會單上必須記載全體會員之姓名、住址、電話號碼。因此，虛構姓名參加合會的情形應該會減少，而且依照民法第七百零九條之三的規定，會單必須經過會員的簽名。這些規定都會使會首利用人

頭參與合會的情況減少，而減少倒會的可能性。

第三種（冒標盜標）：會首對經常不出席合會的人以冒標方式取得合會金，例如合會中有會員A長期不出席也不參與競標，會首就可以在某一次A未到場的會期中向其他會員虛稱A要參與競標，會首並以A的名義填寫標單，大家便會以為是A得標，因此也就繳交會款，此時會首則向A虛稱是另外的一位會員得標，結果會首所收取的合會金並沒有交給A，而是由會首侵吞，這種冒標的情事一旦東窗事發，就會因會首已將會款侵吞而構成倒會。假如會首運用資金不當，所侵吞的會款花用不知去向，更會引發倒會的連鎖效應。

第四種（告知虛假的得標會員）：例如某個合會的會首老張知道會員老王只認識自己，和其他會員並不熟，而老王又長期不出席也不參與競標，老張向老王說是另一位會員老陳得標，但向其他會員則說是老王得標。其他會員和老王不熟也無從查證，大家便會以為是老王得標，因此都按時繳交會款，而老王和其他會員不熟，也無從查證，所以老王也按時繳交會款，結果所有的會款是老張拿走。

第五種（告知虛假的得標金額）：例如合會基本金額是三萬元，假如是內標式的合會，某一個會期是由老丁以四千元得標，結果會首老張向老王說是由老丁以三千元得標，結果老王本來只需繳二萬六千元，結果卻繳了二萬七千元，而因為最後老丁繳回來的都是三萬元，老張所中飽的一千元根本無從發覺。在外標制的合會，例如某一個會期是由老丁以四千元得標，結果老張向老王說是由老丁以三千元得標，結果老王本來往後可以向老丁拿三萬四千元的死會錢，卻只能拿到三萬三千元，老張所中飽的一千元也是很難發覺。

第五章 合會的刑事責任

假如合會發生倒會的情況，因為一定是有人未給付應付的會款，所以必定會有民事責任（返還他所應該給付的會款），但是會不會有刑事責任的產生，就要看該倒會的情況是不是符合刑事犯罪的構成要件。一般人常常會認為合會發生倒會的情況就一定會有刑事責任，至少是詐欺的責任，但這一點顯然是有所誤會。因為即使有倒會的情況，仍然必須要看該倒會的行為是不是符合刑事犯罪所規定的要件，必須要倒會的行為符合刑事犯罪所規定的犯罪構成要件，才會有刑事的責任。

一般而言，合會糾紛所產生的刑事責任，可能觸犯的有詐欺罪、偽造文書罪、侵占罪及背信罪。

要提起刑事訴訟，可分為告訴程序及自訴程序。告訴程序是將案件向檢察官提起告訴，經過檢察官偵查後，假如檢察官認為被告確實有犯罪情形，就會以檢察官名義代表國家對被告提起公訴，假如檢察官認為被告並沒有犯罪嫌疑，就會為不起訴處分。而自訴程序則是不透過檢察官，由被害人自己擔任刑事訴訟原告的地位向被告進行追訴。以前的刑事訴訟法規定，在告訴人提起告訴後，如果檢察官偵查還沒有終結，告訴人可以隨時改為自訴，但提起自訴後不得轉為告訴。不過刑事訴訟法於八十九年二月間修改，案件假如在檢察官偵查進行當中，就不能改提自訴，而提起告訴者，也不得轉為自訴。提起自訴後也不得轉為告訴。

提起刑事訴訟，先要決定在哪一個法院（地檢署）進行訴訟。假如某合會的會首某甲在

標會涉嫌詐騙會員，因而牽涉到刑事詐欺的責任，則會員要提起刑事訴訟時可以從下列的法院中選擇其中之一來提起，因為依照刑事訴訟法第五條第一項規定「（刑事）案件由犯罪地或被告之住所、居所或所在地之法院管轄。」假如會首某甲的住所設在新竹市，但起會及標會的地點是在某甲工作所在地的臺北市中正區，其中會員某Ａ住在臺北市士林區，某Ｂ住在臺北縣板橋市，某甲標會後都到會員的家中收取會款。以這樣的案件而言，因為被告住所在新竹市，是屬於臺灣新竹地方法院轄區，所以臺灣新竹地方法院對這個案件當然有管轄權，而某甲工作地在臺北市中正區，因為是標會地點也是犯罪行為（詐欺）的發生地點，所以管轄臺北市中正區的臺灣臺北地方法院也有管轄權。而某甲向某Ａ收取會款的地點是在臺北市士林區，收取會款也是詐取財物行為的一部分，因此也會被認為是犯罪地，所以假如由某Ａ提起訴訟的話，臺灣士林地方法院對於這個詐欺案也有管轄權，而假如由某Ｂ提起訴訟的話，因為某甲是在臺北縣板橋市向某Ｂ收取會款，則詐欺行為的收取會款行為地點是板橋市，所以臺灣板橋地方法院也有管轄權。

壹、侵占罪

合會中可能成立侵占罪而最廣為大家討論的情況是會首收取合會之會款後，沒有轉交給得標的會員而擅自花用，會首是不是構成侵占罪？

依照現行法院判例及實務之見解，認為會首收取合會之會款後，沒有轉交給得標的會員的情況，並不成立侵占罪。例如最高法院七十年臺上字第三〇六五號判決「民間互助會之會首對得會人之關係，並非為他人處理事務，其收集會款不交付得會人而自行花用，不成立背信罪。又合會性質乃會員與會首間締結之契約，會員相互間，除有特約外，不發生債權債務關係，是會首所收會款，亦非持有他人之物，不成立侵占罪，被告收齊會款，拒不交付與上訴人，僅屬債務不履行之民事糾紛。」其他相類似的實務見解例如：

問　題：民間所組合會，會首向各參加入會人收得會金，不交與得標人，擅自花用，嗣即宣告倒會，該項情形是純屬民事債務問題抑應負刑事上之侵占罪責？

討論意見

甲　說：按標會之性質，係會員分別與會首間之契約關係，會員互相間原無直接收付會款之權利義務，因而會首向會員收取之會款，在未交付得標人前，為會首所有，非持有他人之物，與侵占罪須以侵占持有他人之物犯罪構成要件顯不相當，應不負侵占罪責。

乙　說：查民間合會，以一人為會首，其餘則為會員，旨在調劑各入會人相互間之周轉金，其第一會金，全部交付會首，歸屬會首所有，其餘之會則每次之會金應為得標人所

有，雖會首有代收轉交之義務，但該項義務係因會首已得第一會之權利而來，得標人之所有權並不因而有所移轉，是會首以所有意思擅自花用，應認觸犯刑事之侵占罪。

結　論：以乙說為當。

問　題：甲係民間合會之會首，因故無法繼續主持會務，乃與未得標之會員乙、丙、丁三人，訂定書面契約，約定由乙、丙、丁直接向已得標之會員十餘人按月收取尚餘三個月之會款，自行平均分配，以了結會務。惟甲竟違背契約，仍擅自向該不知實情之已得標之會員收取會款花用，問甲是否觸犯刑法上罪名？

討論意見

甲　說：甲既與未得標之會員乙、丙、丁訂定契約，約定由乙、丙、丁向其他已得標之會員收取尚餘三個月之會款，平均分配，以了結會務，其收取會款之債權業已讓與於乙、丙、丁，雖未將債權讓與之事通知業已得標之會員（即債務人），對債務人固不生效力，惟讓與人之間之讓與契約仍屬無效，甲擅自收取之會款，其所有權仍屬於乙、丙、丁，而為他人之物，予以侵占花用，應負侵占之罪責。

乙　說：甲雖與乙、丙、丁訂定契約，約定由乙、丙、丁向其他已得標之會員收取尚餘三個月之會款，平均分配，以了結會務，惟並未將讓與之事實通知其他應繳會款之會員，對於應繳會款之債務人不生效力，且甲仍以自己之名義收取會款，其擅自所收之會款，在未轉交乙、丙、丁之前，其所有權仍屬於甲，並非持有他人之物予以花用，僅負債不履行之民事責任，不構成犯罪。

發文字號：七十三年三月二十八日法檢（二）字第三四三〇號。

不過值得注意的是，以前法院判例及實務之見解認為會首收取合會之會款後沒有轉交給得標的會員並不成立侵占罪，其原因是認為合會性質乃會員與會首間締結之契約，會員相互間，除有特約外，不發生債權債務關係，也就是單線性質的合會關係，但民法修正條文通過後，對於合會已改採團體性質的關係，則以後法院實務是否會變更見解視具體個案而有不同的認定，值得觀察。

貳、背信罪

和侵占的情形相類似，現行法院實務上的見解，也認為會首收取合會之會款後沒有轉交給得標的會員並不成立背信罪。不過和侵占罪一樣，值得注意的是以前法院實務對於合會關係，認為是單線關係，在單線關係上，會員與會員間，互相不產生合會的關係，因此，會員只負責繳付會款給會首。不過民法修正條文通過後，對於合會係採取團體性質，因此會首是

代得標會員向其他會員收取款項，這個「代」到底可不可以解釋成會首是受會員之託而行使收取會款的職務，如果是的話，則會首所收取的會款在交付給得標的會員之前，到底是會首本身的錢還是會員的錢，也會引起爭議。

但是以往的判例見解都認為不成立侵占及背信，而雖然新法中有「代」的字眼，但是既然會首要負比較高的無過失責任，則會首的民事責任已經很重，要求會首再負刑事責任實在沒有道理。因為如果這個錢是屬於得標會員的而不屬於會首的，則在不可歸責於會首而毀損滅失時就應該由得標會員負責，會首不必負責，但現在法律既然規定會首要負無過失責任，則顯然該筆錢在交給得標會員之前，並不屬於得標會員所有，因此原則上不應該構成侵占或背信之責。

參、偽造文書罪

在合會中可能產生的幾種偽造文書的狀況：

1.未經同意列名於會單上：以前的會單因為不需要會員簽名，所以會首假冒他人名義將他人名字列於會單上，並不構成偽造文書，但因為現行民法規定，會單必須要經過會員的簽署，假如沒有經過他人的同意就將他的名字列於會單上，則該被冒用姓名的會員一定會簽署，假如會首代為簽署或者其他會員代為簽署，則會觸犯偽造文書及偽造署押等罪責。

2. 偽造標單的偽造文書罪：假如沒有經過他人同意在標單上冒用他人的名義，填寫金額於標單上會構成偽造文書及偽造署押等罪責。不過，實務的見解上，未經過他人的同意，以他人的名義，填寫標單是構成偽造文書還是偽造署押罪責，曾經有不同的見解，並且是不是一定要書寫「標單」、「姓名」、「金額」三項，假如有缺一的話，是私文書還是準私文書，曾經有不同的見解。例如：

問　題：某甲偽造某乙名義之標單（該用紙上除載明某乙姓名與競標利息外餘為空白，並未書明「標單」字樣），參與標會。問該偽造之標單，係刑法第二百十條之私文書或同法第二百二十條之準文書？

討論意見

甲　說：標單為私文書之一種，自屬刑法第二百十條之私文書（參照最高法院七十年度臺上字第七〇九二號刑事判決，載刑事裁判發回更審要旨選輯第二輯第二一六頁）。

乙　說：標單為在紙上之文字符號，依我國民間互助會之習慣，用為表示標取會款之證明，故為刑法第二百二十條之準文書（參照最高法院七十年度台上字第二六八五號刑事判決）。

研討結果

一、標單上，除載明姓名與競標利息外，並書明「標單」字樣者，係屬刑法第二百十條之私文書。

二、如標單記載不完整者（姓名、競標利息或「標單」字樣等缺其一者），係屬刑法第二百二十條之準文書。

三、本題應成立行使偽造私文書罪。

司法院第二廳研究意見

司法院第二廳七十四年六月十五日(74)廳刑一字第四五二號函復：

某甲偽造某乙名義之標單，僅載明某乙姓名與競標之利息，並未書明「標單」字樣，如非依我國民間互助會之習慣，尚無從認定其上之文字即為表示出標人及利息。故本問題之標準，應屬刑法第二百二十條之準文書。

民間互助會之標單，通常僅填寫一定之金額及姓名，如單從該記載內容上形式上觀之，殊無法瞭解其為何種用意之證明，而必須依據習慣或特約，始足以表示該一定之金額即為標取會款之利息，該姓名即為標取會款之會員，故偽造該標單應認為偽造同法第二百二十條以文書論之私文書（74・10・11七十四年度臺上字第五六一二號）。

標會單如已書寫標會金額，記載姓名，應已具備文書之形式，原判決既認定上訴人擅標會單上偽造「雅文」署押一個，書入標息「二千元」，而竟論以刑法第二百二十條以文書論之文書，亦非無可議。（71．12．2七十一年度臺上字第七六六三號）。

就法律觀點而言，一般合會的標單一定有金額及名稱的記載，除此之外大部分的標單上都沒有其他內容的意思表示，因此該標單應該是依據習慣或特約，表示一定金額（即以一定金額出標之意思表示）的文書，所以應該是刑法第二百二十條的準私文書。而假如沒有簽名的話，是以刑法第二百二十條的偽準私文書論罪，而假如有代他人簽上姓名的話，應該視個別的狀況，假如該簽署別人的姓名，只是作為區別何人出標的表示，尚不構成簽名的意義，就沒有觸犯偽造署押罪，但假如按合會之規定，必須要簽下姓名以示負責的話，則已經構成偽造署押的行為，應該還是觸犯偽造署押罪。因為歷年來的判決對於這些見解，可能還有分歧之處，不過不管法院依照哪一條來判決，沒有經過他人同意而書立標單，一定會觸犯偽造文書罪責，而這幾條的爭議所觸犯的刑責大致相同，因此不管法官採取什麼樣的見解，怎麼樣的判，刑責都不會相差太大。

肆、詐欺罪

詐欺是合會糾紛中最經常產生的刑事責任，詐欺通常可能有下列幾種狀況：

1. 偽造標單的行為：既然沒有經過某位會員的同意，就為該會員填寫標單，除了觸犯偽造文

書等罪責外，在沒有經過他人的同意而出標，並可能會觸犯詐欺罪責。

2. 謊稱得標的狀況：這種情形經常發生在會首身上，因為只有會首才知道到底有沒有人得標或者由誰得標。此又可分為二種情形，一種是會首在沒有人出標的情況之下向會員詐稱某某人得標，會首所收取的會款則侵吞入己。另外一種情形是有會員來競標，但是會首看到有人競標的時候，卻假冒另一個未到場會員的名義出一個較高價格的標，但實際上該被冒名的會員並沒有要參與競標。這也是謊稱得標的狀況。

3. 惡意詐欺會首錢：會首根本沒有要運作合會的意思，但卻召集一個合會，使會員誤以為會首所召集的合會要真正運作，結果會首取得首期合會金（會首錢）以後，逃匿無蹤，或運作幾期之後即逃逸他處，這種以召集合會的方式詐騙會首錢的情況經常發生。

4. 告知虛假的得標會員：例如某個合會的會首老張知道會員老王只認識自己，和其他會員並不熟，而老王又長期不出席也不參與競標，老張向老王說是另一位會員老陳得標，但向其他會員則說是老王得標。其他會員和老王不熟也無從查證，大家便會以為是老王得標，因此都按時繳交會款，而老王和其他會員不熟，也無從查證，所以老王也按時繳交會款，結果所有的會款是老張拿走。

5. 告知虛假的得標金額：例如合會基本金額是三萬元，假如是內標式的合會，某一個會期是由老丁以四千元得標，結果會首老張向老王說是由老丁以三千元得標，結果老王本來只需繳二萬六千元，結果卻繳了二萬七千元，而因為最後老丁繳回來的都是三萬元，老張所中飽的一千元根本無從發覺。在外標制的合會，例如某一個會期是由老丁以四千元得標，結果老張向老王說是由老丁以三千元得標，結果老王本來往後可以向老丁拿三萬四千元的死會錢，卻只能拿到三萬三千元，老張所中飽的一千元也是很難發覺。

6. 會員沒有按期給付死會會款之意，得會之後即捲款潛逃：會員並沒有給付死會會款的意思，只是為了取得合會金，一旦取得後，就逃之夭夭，不見蹤影。通常會員如果是在合會的初期階段，或者以較高的不合理金額競標得會，得標後立即逃逸無蹤，就比較會被認定為詐欺，而假如會員一開始仍然正常參加合會，或者取得會款後，有繳交數期會款而後才因故無法繳交，就比較不會被認定為詐欺。

一般而言，會首取得會首錢之後，即棄合會不顧，比較會被認定是詐欺。因為會首對於合會比較能夠掌控，而且合會是他主動發起，比較可能符合詐欺罪中「以詐術使人陷於錯誤」的要件，但是就會員而言，會員是受合會的會首召集而加入合會，是處於一個被動的狀態。假如會首不召集合會，他根本沒有辦法參加，所以在以詐術使人陷於錯誤的要件上比較不容易被斷定。因此在被會員倒會的情況，被認定詐欺的機率比較小，而會首係主動召集合會，假如召集合會的過程中有虛偽不實的情況，比較容易被認定為詐欺的情形。

另外值得注意的，在詐欺罪發生的情況，到底全體會員都是詐欺的被害者或者只有活會

會員是被害者，在實務的見解上，認為因為死會會員只有繳付死會會款的責任，因此認為死會會員不會成為詐欺罪的被害者。例如：

民間互助會除有特別約定外，均僅係會首與各會員間成立契約關係，不論何人得標，會首對於已領取會款之會員（即一般所謂死會），均得請求給付該次應繳會款（即死會會款），是以縱認上訴人係與周秀鄉共同冒標，其詐騙之對象應僅限於尚未得標之會員（即一般所稱活會會員）。原判決未說明本件合會有何特別之約定，即認全體會員（包括死會、活會）均屬詐欺之被害人，並以此為詐欺金額計算之依據，尤有未合（七十六年度臺上字第四九八九號）。

問　題：某甲召集互助會，自任會首，剩下最後二活會時，甲向乙騙稱：丙以若干利息得標，向丙騙稱：乙以若干利息得標，而向全體死會會員及乙、丙二人詐收會款，此時，被害人為何人？（臺灣臺北地方法院七十一年夏季法律座談會）

討論意見

甲　說：全部會員。

理　由：因不論死會、活會會員均以為會款係要交予得標之活會會員，如知道係會首自己要私取，即不願交款，故全部會員均受騙，均係被害人。

乙　說：乙、丙兩活會會員。

理　由：不論何人得標，死會會員均固定要出全額會款，被騙者僅係二活會會員，會首僅是將二活會會員應得之會款冒名標走而已。

司法院第二廳研究意見

民間互助會除有特別約定外，均僅係會首與各個會員間成立契約關係，不論何人得標，會首對於已領取會款會員，均得請求給付該次會應繳會款，茲會首某甲向尚未得標之會員乙、丙虛稱已由其中另一人得標而詐收會款，應認僅乙、丙二人係被害人，對於其餘早已得標而應按期繳納之會員無詐欺可言。以乙說為當。（七十一年十月六日（七十一）廳刑一字第九八七號函復臺灣高等法院）

臺灣民間互助會，乃會首與會員間所締結之契約，會員相互之間，並無法律關係存在，是會首向會員所收之會款，尚非持有他人之物，縱未將所收取會款付得會（標）人，而自行花用，亦無侵占刑責可言，上訴人游如係以代理會首主持標會，收取會款，其持有之會款，在未交付得會（標）人之前，似仍屬會首所有。（七十一年臺上字第六三八一號）

問題

倒會時在什麼樣的情況下，會構成刑事詐欺的責任？

實例

老周參加老張擔任會首的合會，第二會期老周就得標，之後老周都有按期給付會款，但是給付了五期後，因為經濟不景氣，老周的公司倒閉，老周周轉不靈，瀕臨破產，以致無法給付後十五期的會款，老周的倒會行為到底有沒有構成刑事詐欺？

解答

會員倒會就是會員得會之後，沒有辦法按期繳交死會會款，會員倒會不一定構成詐欺，因為刑事詐欺的要件至少有三個。一、必須有詐騙的行為；二、必須被害者受騙；三、必須是因為詐欺行為以至於受害者受騙而交付物品，或者因而得到財產上的利益。就合會的運作而言，合會是會員及會首相互之間訂立的契約，基本上，是基於大家對履行契約內容的相互信賴。假如某一個會員當初參與合會契約的時候，就心存不軌，並沒有要履行合約的意思，但是卻藉由參加合會契約使會首及全體會員相信他有履行合約的誠意，而他在得標後立即潛逃無蹤，而不願意履行給付會款的義務，這種惡意倒會的情況，比較會被認定是詐欺，因為他參與這個合會，其目的並不是要來參與合會的運作，其參加合會的主要目的是為了騙取大家對參與合會的會員履行合會契約的信賴，但實際上他是在施用詐術使大家誤以為這個合會契約是可以確實履行，因此而交付會款給他。這樣的情況就比較會構成詐欺。但是假如當初參加合會並沒有惡意的狀況，也並沒有故意不履行的狀況，只是迫於經濟能力的不足而沒有辦法按期給付會款，這樣的情況就比較不會構成詐欺。

一般而言，法官在對具體個案判決時，假如某一位會員在合會初期就全力參與競標，標得合會後卻馬上逃逸無蹤，或者給付一兩期會款後即逃逸無蹤，剩下很多期的會款沒有給付，而且其本身又沒有繳不起會款的情形，這樣的情況就會被認定是詐欺，但是假如都有按期繳付款項，而且是在合會進行比較多期之後，才因自己資金上的需求參與競標，得標之後也有按期繳付會款，之後繳不出會款並不是主觀上故意不繳，而是迫於自己經濟上能力不足或經濟狀況突然變得比較惡劣，一次無法繳交會款，這情況就比較不會被認定是詐欺。

刑事告訴狀範例

刑事告訴狀

告訴人：吳○○　住108臺北市○○街○○巷○○號

告訴人：陳○○　住104臺北市○○路○○號

告訴人：李○○　住107臺北市○○路○段○○號

告訴人：丁○○　住108臺北市○○街○○巷○○號

被　告：張○○　住100臺北市○○路○○號○樓

為告訴被告涉嫌詐欺、偽造文書等案件，依法提呈告訴狀：

一、按被告張○○，自八十七年起即以經商需要資金為由，對外召募合會，而告訴人等均為參加被告所召募之合會之會員，此有會單可證（證一），該合會之會期自民國八十七年七月二十日起至民國八十九年七月二十日止，每期基本會款為新臺幣參萬元整（見證一）。而告訴人等依照合會之進行及會首（被告）之通知按期繳交會款，至今均為活會之會員。但是最近忽然發覺在沒有任何會員倒會之情況下，被告張○○竟然宣稱互助會倒會而無法給付會款。經告訴人等詢問其他會員並交互查對，才知道被告曾經在八十八年四月一日、七月一日、十二月一日三個會期中，虛稱有會員標得會款，但是實際上該被冒名的會員並不知情，亦未取得該些會期的會款，而會款全數被被告取走。而標單上的簽名亦係被告張○○未經同意代簽。因此才在沒有任何會員倒會之情況下，竟然宣稱無法繳交會款，而被告所取得之會款，至今不知去向，總計告訴人等為被倒會之會款有新臺幣捌佰多萬元，茲將告訴人等被詐欺之款項臚列如附表一。

二、按被告假冒會員名義標會且未經同意簽名於標單上之行為已涉及偽造文書及詐欺罪。為此，狀請　鈞署鑒核，迅傳被告到庭，並將被告起訴，以昭法紀。

謹　狀

臺灣臺北地方法院　檢察署　公鑒

附表一：積欠會款明細表。

證一：合會會單影本。

具狀人：吳○○

陳○○

李○○

丁○○

中華民國八十九年七月　日

第六章 民事上的紛爭

一、刑事的糾紛主要在判定被告有沒有刑事責任，但民事的紛爭主要在使金錢的損失獲得彌補與賠償，尤其在倒會的情況時，已繳交會款的會員沒有辦法取回其應該得到的會款，這個金錢上的損失必須經由民事訴訟的程序才可以取得所謂的執行名義，也才能夠聲請法院的強制執行處對於債務人的財產強制執行，如果沒有經過民事訟爭的程序取得執行名義，則縱使被告被判有罪，但金錢的受害人也沒有辦法聲請法院強制執行，所以一定要先透過民事訴訟的途徑取得執行名義。

二、在民事程序上，合會的糾紛，在法律上可以採取幾種方式，如果有開立票據的話，本票可以用本票裁定的方式，支票可以用簡易訴訟的方式，如果已經有刑事案件繫屬而且已經繫屬於刑事庭的話，也可以提起附帶民事訴訟，在提起民事訴訟前也可以先用支付命令的方式請求，如果提起民事訴訟的話，依照民事訴訟法第四百二十七條之規定，不管牽涉的金額多大，適用民事簡易訴訟程序。

三、在大部分的合會關係之中，並沒有開立票據，一般而言，不管是死會會員的會款或者是活會會員的會款，繳交之後，在甚多的情況之下，甚至於連一張收據都沒有。而不管是活會會員或者死會會員，他們按期繳付的會款有時候會以票據的方式給付，所以合會中也可能出現票據。不過，大部分需要追討會款的情況，並不是活會會員沒有繳交會款或所繳交的票據不會兌現，而通常是死會會員沒有按期給付死會會款才會發生糾紛，為了防止這種糾紛產生，有的合會也規定在死會會員取得合會金的同時，必須按照往後的各個會期應該給付死會會款金額，開立票據交給會首，這是一個很好的方式，也可以免除會首每一期必須還要向死會會員追討會款的麻煩。

壹、本票的情況

假如會款的給付開立的是本票的話，所需要採取的民事法律途徑就比較簡單，依照票據法第一百二十三條之規定，執票人向本票發票人行使追索權時，得聲請法院裁定後強制執行，假如合會的會款是以本票作為給付方式，就可以聲請本票強制執行。依照非訟事件法第一百條之規定，聲請本票強制執行是由票據付款地之法院管轄，也就是看該本票上記載的付款地是什麼地方就在什麼地方的法院聲請本票強制執行。

通常開立本票的人在開票時會記載付款地，假如沒有記載付款地，依照票據法第一百二十條之規定，以發票地作為付款地，假如發票人連發票地也沒有寫的話，則以發票人之營業所、住所或居所之所在地為發票地。例如死會會員所開立的本票沒有記載任何開票的地點，而該會員的住所是臺北縣中和市，則屬於臺灣板橋地方法院管轄。因為本票聲請裁定後就可以強制執行，而不必經過冗長的訴訟程序，所以在時間上非常迅速。以本票而言，從聲請到

法院裁定下來通常只有幾天的時間，而本票裁定下來後要經過二十天的不變期間，如果經過二十天的不變期間，發票人沒有依照非訟事件法第一百零一條之規定提起確認之訴的時候，該本票裁定就告確定，聲請人可以向法院申請一張確定證明，憑著法院准許本票強制執行的裁定及該裁定的確定證明，就可以聲請對本票發票人（債務人）的財產為強制執行。

民事聲請狀（本票強制執行）

聲請人即債權人：王〇〇　100臺北市〇〇街〇〇號

相對人即債務人：張〇〇　100臺北市〇〇路〇〇號

為聲請裁定本票強制執行事：

聲請事項

一、裁定相對人簽發二張本票金額共新臺幣伍拾萬元整及自到期日起至清償日止，按週年利率百分之六的利息，准予強制執行。

二、聲請程序費用由相對人負擔。

事實及理由

聲請人王〇〇持有相對人張〇〇簽發用以作為合會會款給付的本票二張（證一），該二張本票均有免除作成拒絕付款證書的記載，且均已屆期，但經提示未獲付款。聲請人雖屢經催

討，相對人仍置之不理。為此，依據票據法第一百二十三條、非訟事件法第一百條規定，聲請裁定准予強制執行，以保權益。

謹　狀

臺灣臺北地方法院　非訟中心　公鑒

證一：本票影本。

具狀人：王○○

中華民國八十九年　月　日

貳、支票的情況

在簽發支票的情況，就比較不一樣，支票不能像本票一樣可以用聲請裁定的方式就強制執行，因此假如取得的是支票，就一定要經過訴訟的程序，會比較久。法院的一個審級，進行快的話要一、兩個月，慢的話也要兩、三個月，甚至於更久，而且第一審判決下來後，還沒有辦法確定，假如對方還要上訴的話，則必須要等到上訴審完全結束之後才可以取得確定證明。

而在以支票進行訴訟的案件，依照民事訴訟法第十三條的規定是由票據付款地之法院管轄，支票因為係委託銀行付款，所以委託哪一個銀行付款就是以那個銀行營業所所在地為付款地。一般而言，支票都是由銀行印製出來，銀行在印製支票發給支票持有人的時候，就已經在上面打好付款地的銀行名稱，以及營業場所，所以支票通常不會發生沒有付款地的情況。

又依民事訴訟法第四百二十七條第二項第六款之規定，假如本於票據有所請求而涉訟者，是適用簡易訴訟程序，因此假如以支票作為請求方式的話，是適用簡易訴訟程序。簡易訴訟程序和通常的訴訟程序，原則上並沒有太大的差別，不過在法院通知書及證據調查，還有辯論的程序上比較沒有像一般程序那麼嚴格，而且判決書的記載也可以比較省略，其他部分和一般訴訟程序沒有很大的差別，不過簡易程序上訴時是向地方法院為之，而不是像一般案件，對於第一審判決不服的時候，是向高等法院提起上訴。而且簡易訴訟程序假如對第二審裁判不服而要向第三審提起上訴或抗告，必須經過原裁判法院之許可。而且依照民事訴訟法第三百八十九條的規定，只要是依民事訴訟法第四百二十七條所提起的訴訟，法院都應該依職權宣告假執行，和一般的訴訟不一樣，一般訴訟要聲請法院提供擔保為假執行，但以支票為請求基礎的訴訟，法院都會依職權宣告假執行。

民事起訴狀（支票債權）

原告：李〇〇　100臺北市〇〇街〇〇號

被告：陳〇〇　　100臺北市〇〇路〇〇號

為支票債權給付事件，依法提起民事訴訟事：

訴之聲明

一、被告應給付原告新臺幣壹佰萬元整及自八十九年六月五日起至清償日止，按週年利率百分之六的利息。

二、訴訟費用由被告負擔。

三、請依職權宣告假執行。

事實及理由

原告李〇〇與被告陳〇〇均為訴外人張〇〇所召集之互助會會員，此有合會會單可證（證一）。被告為死會會員，原告持有被告所簽發用以作為合會會款給付的支票一張（證二），原告於票載日期向付款銀行為付款之提示，竟然遭到以存款不足為由而退票，此並有退票理由單可稽（證三）。原告雖屢向被告催討，被告均置之不理。原告無奈，只得依法起訴，以保權益。

謹　狀

臺灣臺北地方法院　臺北簡易庭　公鑒

證一：會單影本。

證二：支票影本。

證三：退票理由單影本。

具狀人：王○○

中華民國八十九年　　月　　日

參、支付命令之聲請

依照民事訴訟法第五百零八條之規定「債權人之請求，以給付金錢或其他代替物或有價證券之一定數量為標的者，得聲請法院依督促程序發支付命令。」通常合會產生的紛爭，其最後遭受損害而必需請求給付的，都是給付金錢（會款）。假如合會的標的物是以金錢以外之代替物為標的物的話，也是屬於民事訴訟法第五百零八條之範圍。所以合會紛爭所產生的請求幾乎都可以用督促程序而採用聲請發支付命令的方式為之。

所謂支付命令就是聲請法院向債務人發一道支付命令，根據民事訴訟法第五百十四條的規定，法院發給債務人的支付命令上面會記載⑴當事人及法定代理人，也就是請求權人或其法定代理人。⑵請求之標的及請求數量及請求之原因事實，也就是所請求的金額及請求的原因。支付命令上並會記載債務人應於支付命令送達後二十日不變期間內向債權人清償，否則

應向發支付命令之法院提出異議。在由法院發出支付命令後，假如債務人接受支付命令後二十日內沒有提出異議，該支付命令就確定。

債權人聲請發支付命令有幾個好處：⑴費用節省。一般的訴訟程序必須要繳交請求金額的百分之一，假如請求新臺幣壹佰萬元就必須繳交壹萬元，但聲請支付命令的時候，只要繳交裁定費肆拾伍元。⑵支付命令不開庭，不需要經過冗長的訴訟程序，法院只要就聲請人所提出的書面審理，審理後就依照聲請人所請求發支付命令，除非聲請人所請求不合法律的程序或者所請求的事實，法院認為沒有理由才會駁回，否則基本上法院都會依債權人請求發支付命令。⑶支付命令只要送達於債務人，而債務人在二十天內沒有異議，就與確定判決有一樣的效力，所以時間很快。一般而言，聲請核發支付命令，也是幾天之內就核發，而送達於債務人後，假如二十天內沒有提出異議，這個支付命令就會確定，前後可能才不過一個月的時間，比訴訟程序減少很多的時間。

不過支付命令也不是萬能的：

1.必須要債務人承認有這請求權存在的話才可行，假如債務人根本不承認這個請求權，則債務人可以在收到支付命令後二十天內提出異議，而且這個異議可以不具任何理由。假如債務人提出異議的話，依照民事訴訟法第五百十九條之規定「債務人對於支付命令於法定期間提出異議者，支付命令失其效力，以債權人支付命令之聲請，視為起訴或聲請調解。前項情形，督促程序費用，應作為訴訟費用或調解程序費用之一部。」

2.支付命令提出聲請後，依民事訴訟法第五百零九條之規定，假如支付命令的聲請人（債權人）應該為對待給付，或者支付命令的送達是在外國或者必須以公示送達為之者，不得發支付命令，所以假如請求某位死會會員給付會款，但必須相對的還要付給這位死會會員會款，或有其他對待給付的情形存在的時候，就不能發支付命令，而假如債務人逃到外國，或者他的住所根本不清楚，支付命令必須在外國送達或者必須以公示送達，也沒有辦法發支付命令。

3.根據民事訴訟法第五百十五條，發支付命令後三個月內不能送達於債務人者，其命令失其效力。

所以支付命令也不是萬能的，假如債務人根本不承認債務，或者支付命令沒有辦法送達於債務人的話，這個支付命令也等於沒有用。假如支付命令沒有用，就必須依一般訴訟程序的規定起訴。另外，聲請核發支付命令的時候，依照民事訴訟法第五百十條的規定，是以被告的住所、居所、營業所所在地管轄法院作為支付命令聲請的管轄法院。

民事聲請支付命令狀

聲請人（即債權人）：朱○○　100臺北市○○路○○號

債　務　　人：黃○○　　100臺北市○○路○○樓

為聲請發支付命令事：

請求之標的

一、債務人黃○○應給付債權人朱○○新臺幣壹佰萬元整，並自本件支付命令送達之翌日起至清償日止，按年利率百分之五計算之利息。

二、督促程序費用由債務人負擔。

請求之原因及事實

一、緣債權人朱○○參加以債務人黃○○為會首之合會，此有會單可證（證一），該合會之會期自民國八十八年七月一日起至民國八十九年十二月一日止，每期基本會款為新臺幣參萬元整（見證一）。債權人按月均繳納會款，惟嗣後債務人竟無故宣告倒會，其向會員收取之會款則未交付給債權人，總計債務人尚積欠債權人新臺幣壹佰萬元整之會款。其後債務人開立本票答應依比例分期償還。

二、債權人無奈，特依民事訴訟法第五百零八條之規定，聲請貴院就前項債權依督促程序，對債務人核發支付命令，促其清償。

謹　狀

臺灣臺北地方法院　民事庭　公鑒

證一：會單影本。

具狀人：朱〇〇

中華民國八十九年　月　日

肆、一般民事訴訟

假如合會的糾紛所牽涉的行為並沒有開立本票，也沒有開立支票，而聲請發支付命令又沒有辦法送達給債務人或者債務人有異議，那就要適用民事訴訟法的程序提起民事訴訟以解決這一個紛爭。

依照民事訴訟法第四百二十七條第二項第七款的規定，有關合會有所請求而涉訟者，適用簡易訴訟程序，所以有關合會紛爭的訴訟程序，不管金額多麼大，人數多麼多，都是適用簡易程序。不過以合會關係請求而進行的簡易訴訟程序，和前面所提到的以支票作為請求原因所進行的簡易訴訟程序並不一樣。以支票作為請求原因所進行的簡易訴訟程序，只要發票人沒有否認票是他開立的，則在訴訟上發票人一定敗訴，通常以支票作為請求基礎的簡易程序，幾乎都是一庭就結束，縱使因為被告沒有到庭而必須用公示催告的程序或者再行傳訊，也頂多是二次開庭就結束，其進行速度通常都會很快。

但以合會關係請求的簡易庭訴訟程序，開庭過程就沒有這麼簡單，進行也沒有這麼迅速，因為合會關係雖然是用簡易訴訟程序，但是對於合會關係的成立到底有沒有成立，是誰違背合會契約，會款有沒有按時給付，有沒有造成侵權行為，有沒有造成損害，法官都必須一一加以調查。而且即使有會單，但在合會的訴訟當中，通常還是會出現一些證據不齊全的狀況，通常所遇到的證據不齊全的狀況有下列各點：

1. 沒有會單或會單記載不完全：以前合會很多都沒有開立會單，即使有會單，其記載也多不完全，一旦合會產生糾紛的時候，容易產生困擾。
2. 有沒有繳交會款的紛爭：合會會款金額通常不是很大，頂多幾萬元，甚至於低於幾千元，在一般民間習俗上，常常都以現金給付。而且，因為會員與會首間均熟識，通常也沒有書立收據，也不見得有在會單上記載，以前就產生很大的困擾。
3. 什麼人得標的困擾：因為假如會首存心倒會，常常會有冒標、盜標的情況產生，這個時候到底是誰倒會標走，除非傳訊所有的會員比對查證，否則有時候很難證明。

基於這些困擾，民法修正條文中對很多合會的關係規定儘量予以書面化，但還是有不足的地方，本書也建議了很多保存證據的方式，都可以讓參與合會的人參考。

而合會關係的民事訴訟其決定起訴的地點比刑事訴訟要複雜很多，例如住在新竹的某甲在臺北市中正區上班，某甲召集了一個合會，標會地點在某甲上班的地方，每次標會完以後，

都是由某甲去向各個會員收取會錢。其中會員某A住在臺北市士林區，會員某B住在臺北縣板橋市，在這個例子中，假如發生民事訴訟的話，將來要在哪一個地方法院提起訴訟，依照民事訴訟法第一條第一項的規定：「訴訟，由被告住所地之法院管轄，被告住所地之法院，不能行使職權者，由其居所地之法院管轄。」民事訴訟法第十二條規定「因契約涉訟者，如經當事人定有債務履行地，得由該履行地之法院管轄。」民事訴訟法第十五條第一項規定「因侵權行為涉訟者，得由行為地之法院管轄。」以上述的例子來講，假如會首某甲欺騙並侵害會員的權利，而會員某A想要對某甲提起民事訴訟的話，他可以從下列法院選擇其中之一提起訴訟。

第一種：某A可以選擇新竹地方法院提起訴訟，因為被告某甲其住所設於新竹，依照民事訴訟法第一條的規定，他可以在新竹地方法院起訴。

第二種：某A可以在臺北地方法院起訴，因為這個會的開標地點是在臺北市中正區，臺北市中正區屬於臺灣臺北地方法院管轄，而依民事訴訟法第十五條規定，因侵權行為涉訟者，得由行為地之法院管轄。某甲開標的時候涉及詐欺，因為有詐欺行為，所以侵權行為發生地在臺北市中正區，也就是某甲工作地點所在，某A依照民事訴訟法第十五條第一項的規定，他可以在臺北地方法院起訴。

第三種：某A可以選擇在臺灣士林地方法院起訴，因為在這一個合會契約中，所有會款的繳

納都是由會首到各個會員住的地方去收取，所以這個合會契約的債務履行地是各個會員所住的地方，因為某A住在臺北市士林區，所以屬於臺灣士林地方法院管轄。

在我國民事訴訟法第一條一直到第二十七條，對於民事案件應該由什麼地方法院管轄設有明文。

因此，當事人起訴的時候，可以就這一個合會案所牽涉地點，選擇其中一個與這個合會糾紛有關的法院，提起民事訴訟。例如在上述例子，如果不是某A提起民事訴訟，而是由某B提起訴訟，因為某B住在臺北縣板橋市，因此當某甲向某B收取會錢的時候，是在臺北縣板橋市，也就是某B履行這個合會會款給付義務的債務履行地是在臺北縣板橋市，是屬於臺灣板橋地方法院管轄。所以在前面例子中，假如某A可以選擇臺灣新竹地方法院、臺灣臺北地方法院及臺灣士林地方法院其中之一作為管轄法院而提起民事訴訟。但是假如是某B提起民事訴訟，某B可以選擇臺灣新竹地方法院、臺灣臺北地方法院，至於臺灣士林地方法院，因為不是某B的住居所在地，因此在某B提起這個民事訴訟的時候，跟這案件就沒有相關連，因此某B不能在臺灣士林地方法院提起訴訟。而當事人起訴時，只有選擇依照民事訴訟法第一條到第十九條的規定，選擇與這個合會案有關的法院其中之一提起民事訴訟。例如，假如這個合會的會款是用支票來給付的，則依照民事訴訟法第十三條的規定「本於票據有所請求而涉訟者，得由票據付款地之法院管轄」，則起訴時還可以選擇該支票付款地的法院作為管轄

法院。

而且，和以支票作為請求基礎的訴訟一樣，依照民事訴訟法第三百八十九條的規定，本件也是依民事訴訟法第四百二十七條所提起的訴訟，法院應該依職權宣告假執行。

民事起訴狀

原告：李○○　100臺北市○○街○○號

原告：王○○　100臺北市○○街○○號

原告：陳○○　100臺北市○○街○○號

被告：張○○　100臺北市○○路○○號

為會款給付事件，依法提起民事訴訟事：

訴之聲明

一、被告應給付原告李○○新臺幣壹佰萬元整及自本訴狀繕本送達翌日起至清償日止，按週年利率百分之五的利息。

二、被告應給付原告王○○新臺幣捌拾萬元整及自本訴狀繕本送達翌日起至清償日止，按週年利率百分之五的利息。

三、被告應給付原告陳○○新臺幣陸拾萬元整及自本訴狀繕本送達翌日起至清償日止，按週

年利率百分之五的利息。

四、訴訟費用由被告負擔。

五、請依職權宣告假執行。

事實及理由

按本件合會係由被告張○○於八十七年間所召募，而原告等均為參加被告所召募之合會的會員，此有會單可證（證一），該合會之會期自民國八十七年六月十日起至民國八十九年六月十日止，每期基本會款為新臺幣參萬元整（見證一）。而原告等並依照合會之進行及會首（被告）之通知按期繳交會款。但是最近被告忽然宣佈倒會，而被告已經向其他會員收取應交給原告等人之會款，共計應交給原告李○○新臺幣壹佰萬元整，應交給原告王○○新臺幣捌拾萬元整及應交給原告陳○○新臺幣陸拾萬元整，被告張○○竟然宣稱無法給付會款。經告訴人等詢問其他會員並交互查對，才知道被告曾經在八十八年四月一日、七月一日、十二月一日三個會期中，虛稱有會員標得會款，但是實際上該被冒名的會員並不知情，亦未取得該些會期的會款，而會款全數被被告取走。原告屢為請求，被告均置之不理，原告無奈，只得依法起訴，請求被告給付會款。為此，狀請　鈞院鑒核，賜判決如原告訴之聲明所載，以保權益。

謹　狀

臺灣臺北地方法院　民事庭　公鑒

證一：會單影本。

具狀人：李○○
王○○
陳○○

中華民國八十九年　月　日

伍、附帶民事訴訟

假如刑事案件已經由檢察官提起公訴或被害人已經提起自訴，被害人就可以向刑事庭（注意：不是民事庭）提出附帶民事訴訟。附帶民事訴訟和一般民事訴訟所適用的程序都是相同的，可以說惟一不同點就在於刑事附帶民事訴訟不必要繳裁判費。不過起訴時不必繳裁判費用，但如果刑事庭將案件移到民事庭後，就適用一般的民事訴訟程序，一旦敗訴而要上訴第二審或第三審的時候，還是必須要繳交裁判費用。

民事起訴狀

原告：李○○　100臺北市○○街○○號
原告：王○○　100臺北市○○街○○號
原告：陳○○　100臺北市○○街○○號
被告：張○○　100臺北市○○路○○號

為刑事詐欺案件，依法提起附帶民事訴訟事：

訴之聲明

一、被告應給付原告李○○新臺幣壹佰萬元整及自本訴狀繕本送達翌日起至清償日止，按週年利率百分之五的利息。
二、被告應給付原告王○○新臺幣捌拾萬元整及自本訴狀繕本送達翌日起至清償日止，按週年利率百分之五的利息。
三、被告應給付原告陳○○新臺幣陸拾萬元整及自本訴狀繕本送達翌日起至清償日止，按週年利率百分之五的利息。
四、訴訟費用由被告負擔。
五、請依職權宣告假執行。

事實及理由

一、按被告張〇〇，自八十七年起即以經商需要資金為由，對外召募合會，而原告等均為參加被告所召募之合會之會員，此有會單可證（證一），該合會之會期自民國八十七年七月二十日起至民國八十九年七月二十日止，每期基本會款為新臺幣參萬元整（見證一）。而告訴人等依照合會之進行及會首（被告）之通知按期繳交會款，至今均為活會之會員。但是最近忽然發覺在沒有任何會員倒會之情況下，被告張〇〇竟然宣稱互助會倒會而無法給付會款。經原告等詢問其他會員並交互查對，才知道被告曾經在八十八年四月一日、七月一日、十二月一日三個會期中，虛稱有會員標得會款，但是實際上該被冒名的會員並不知情，亦未取得該些會期的會款，而會款全數被被告取走。而標單上的簽名亦係被告張〇〇未經同意代簽。因此才在沒有任何會員倒會之情況下，竟然宣稱無法繳交會款，而被告所取得之會款，至今不知去向，總計告訴人等被倒會之會款計有如本件附帶民事訴訟起訴狀中所載之金額。

二、按被告假冒會員名義標會且未經同意簽名於標單上之行為已涉及偽造文書及詐欺罪並已被檢察官提起公訴（證二）。為此，特提起附帶民事訴訟，以保原告權益。

謹　狀

臺灣臺北地方法院　刑事庭　公鑒

證一：會單影本。

證二：地檢署起訴書影本。

具狀人：李○○
王○○
陳○○

中華民國八十九年　月　日

立法理由

第七百零九條之一

「Ⅰ、稱合會者，謂由會首邀集二人以上為會員，互約交付會款及標取合會金之契約。其僅由會首與會員為約定者，亦成立合會。

Ⅱ、前項合會金，係指會首及會員應交付之全部會款。

Ⅲ、會款得為金錢或其他代替物。」

增訂理由

一、本條新增。

二、第一項規定合會之意義，將民間習慣明文化，俾資適用。

三、「合會金」與「會款」意義應有不同，惟民間習慣上，概以會錢或會款稱之。為澄清觀念，避免混淆，爰於第二項明定合會金之定義。

四、會款之種類，以金錢最為常見，為期周延，爰明定「會款得為金錢或其他代替物」為第三項。

第七百零九條之二

「I、會首及會員，以自然人為限。

II、會首不得兼為同一合會之會員。

III、無行為能力人及限制行為能力人不得為會首，亦不得參加其法定代理人為會首之合會。」

增訂理由

一、本條新增。

二、為防止合會經營企業化，致造成鉅額資金之集中，運用不慎，將有牴觸金融法規之虞，爰於第一項限制會首及會員之資格，非自然人不得為之。

三、逾期未收取之會款，會首應代為給付，並於給付後有求償權。如會首兼為同一合會之會員，則對等之債權債務將集於一身，致使法律關係混淆，且易增加倒會事件之發生，故於第二項明文禁止之。

四、無行為能力人及限制行為能力人，其本身思慮未周，處事能力不足，且資力有限，尚難有擔任會首之能力。又為維持合會之穩定，遏止倒會之風，無行為能力人及限制行為能力人亦不應參加其法定代理人為會首之合會，爰為第三項規定。

第七百零九條之三

「Ⅰ、合會應訂立會單，記載左列事項：

一、會首之姓名、住址及電話號碼。

二、全體會員之姓名、住址及電話號碼。

三、每一會份會款之種類及基本數額。

四、起會日期。

五、標會期日。

六、標會方法。

七、出標金額有約定其最高額或最低額之限制者，其約定。

Ⅱ、前項會單，應由會首及全體會員簽名，記明年月日，由會首保存並製作繕本，簽名後交每一會員各執一份。

Ⅲ、會員已交付首期會款者，雖未依前二項規定訂立會單，其合會契約視為已成立。」

增訂理由

一、本條新增。

二、民間合會訂立會單記載事項多不一致，致易引起糾紛，為期合會之正常運作，第一項規定合會應訂立會單，並明定記載之事項。

三、民間合會冒標及虛設會員之情形相當嚴重，為杜流弊並保障入會者之權益，爰為第二項規定。

四、為緩和合會之要式性過於僵化，爰於第三項明定會員如事實上已交付首期會款，則雖未完成前二項法定方式，其合會契約亦視為已成立。

第七百零九條之四

「I、標會由會首主持，依約定之期日及方法為之。其場所由會首決定並應先期通知會員。

II、會首因故不能主持標會時，由會首指定或到場會員推選之會員主持之。」

增訂理由

一、本條新增。

二、標會應由會首依約定之期日及方法主持之。其場所，宜由會首決定並應先期通知會員，俾利標會之進行，爰為第一項規定。

三、會首因暫時性事故不能主持標會，宜有補救規定，爰於第二項明定。

第七百零九條之五

「首期合會金不經投標，由會首取得，其餘各期由得標會員取得。」

增訂理由

一、本條新增。

二、民間合會之運作方式，首期合會金係由會首取得，不經過投標手續。其餘各期由會員依約定方法標取，由得標會員取得，爰將習慣明文化。

第七百零九條之六

「Ⅰ、每期標會，每一會員僅得出標一次，以出標金額最高者為得標。最高金額相同者，以抽籤定之。但另有約定者，依其約定。

Ⅱ、無人出標時，除另有約定外，以抽籤定其得標人。

Ⅲ、每一會份限得標一次。」

增訂理由

一、本條新增。

二、本條規定標會之方法。每期標會，每一會員僅得出標一次，向以出標最高者為得標。如

最高金額相同者，除當事人另有約定，以抽籤決定，方為公平，爰於第一項明定之。

三、如有無人出標之情形，除契約另有約定外，當以抽籤決定得標人，最稱公允，爰於第二項明定之。

四、每一會份限於得標一次，已得標之會份，不得再行參與出標，爰於第三項明定之。

第七百零九條之七

「I、會員應於每期標會後三日內交付會款。

II、會首應於前項期限內，代得標會員收取會款，連同自己之會款，於期滿之翌日前交付得標會員。逾期未收取之會款，會首應代為給付。

III、會首依前項規定收取會款，在未交付得標會員前，對其喪失、毀損，應負責任。但因可歸責於得標會員之事由致喪失、毀損者，不在此限。

IV、會首依第二項規定代為給付後，得請求未給付之會員附加利息償還之。」

增訂理由

一、本條新增。

二、為使得標會員早日取得會款，並期合會得以正常運作，第一項明定會員交付會款之義務

及交付期限。

三、於第二項規定會首應於前條期限內代得標會員收取會款。會首應將所收取之會款連同自己之會款，於期滿之翌日前交付與得標會員。又為保障得標會員之權益，並加重會首責任，逾期未收取之會款，應由會首代為給付。

四、會首對已收取之會款，有保管義務，故會款在未交付得標會員前發生喪失、毀損之情形，自應由會首負擔。惟如因可歸責於得標會員之事由致喪失、毀損者，則應由該得標會員負責，始為公允，爰於第三項明定之。

五、會首履行代為給付之義務後，得請求未給付之會員附加利息償還之，方為公平，爰明定第四項。

第七百零九條之八

「I、會首非經會員全體之同意，不得將其權利及義務移轉於他人。

II、會員非經會首及會員全體之同意，不得退會，亦不得將自己之會份轉讓於他人。」

增訂理由

一、本條新增。

二、合會不應許會首任意將權利義務移轉於他人，然若會員全體信任該他人，同意其受移轉為會首，當不在禁止之列，故為第一項規定。

三、為期合會正常運作及維持其穩定性，會員不得任意退會或將會份轉讓他人。惟經會首及其他會員全體同意，不在此限，爰明定於第二項。

四、第一項之「移轉」，第二項之「轉讓」，係指依法律行為而為移轉或轉讓者而言，不包括繼承之情形在內。

第七百零九條之九

「I、因會首破產、逃匿或有其他事由致合會不能繼續進行時，會首及已得標會員應給付之各期會款，應於每屆標會期日平均交付於未得標之會員。但另有約定者，依其約定。

II、會首就已得標會員依前項規定應給付之各期會款，負連帶責任。

III、會首或已得標會員依第一項規定應平均交付於未得標會員之會款遲延給付，其遲付之數額已達兩期之總額時，該未得標會員得請求其給付全部會款。

IV、第一項情形，得由未得標之會員共同推選一人或數人處理相關事宜。」

增訂理由

一、本條新增。

二、合會如遇會首破產、逃匿或有其他事由致合會不能繼續進行時，為保障未得標會員之權益，由會首及已得標會員將各期會款，按未得標會員之債權額數，平均分配交付之。但當事人另有約定，依契約自由原則，自應從其約定，爰為第一項規定。

三、會首因前項事由致合會不能繼續進行時，其給付會款及擔保付款之責任不能減免，爰增訂第二項。

四、如會首或已得標會員遲延給付，其遲延之數額已達應給付未得標會員各人平均部分兩期之總額時，為保障未得標會員之權益，請求其給付全部會款，爰增訂第三項規定。

五、因會首破產、逃匿或有其他事由致合會不能繼續進行時，得由未得標之會員共同推選一人或數人處理相關事宜，以杜紛爭，爰增訂第四項。

「吉屋出租」——
身為房東，
你是不是害怕碰上惡房客？
而身為租屋者，
你又如何保障自己的權益呢？

房屋租賃

莊守禮／著

本書是以淺顯的陳述方式與豐富的內容，為沒正式學過法律的房東及房客編寫而成。生活化、口語化的用詞，針對房屋租賃的種種法律問題，提供了案例解說及解決之道。讓房東及房客們具備趨吉避凶的能力，藉此消弭社會上因租賃關係所生的各種糾紛。

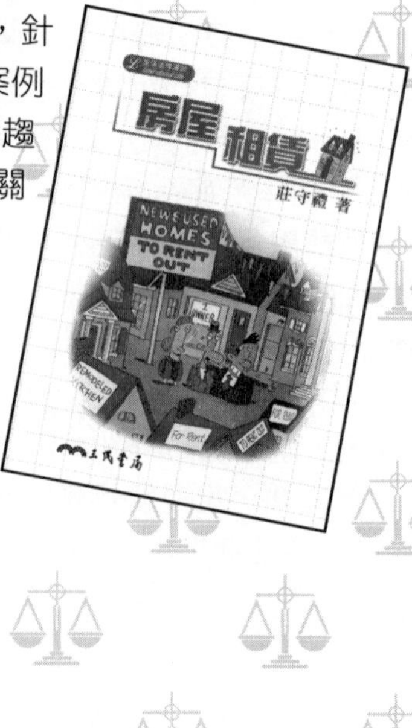